The English Linguistics S[...]

Diccionario Auxiliar del Traductor

Español – Inglés

The Translator's Auxiliary Dictionary

Spanish – English

sixth edition

**ANGLO DIDACTICA
PUBLISHING**

Impreso en España
Printed in Spain

ISBN: 84-86623-80-4
Depósito legal: M. 18.990-1999

Editorial Anglo Didáctica, S. L.
C/ Santiago de Compostela, 16
28034 Madrid - Spain
Tel.: 91 378 01 88

Impreso por Fareso, S. A.
Paseo de la Dirección, 5 - 28039 Madrid

PRESENTACION

En este diccionario se recogen más de 5.000 frases bilíngües español-inglés que expresan el mismo concepto en ambos idiomas, pero cuyas construcciones idiomáticas son muy distintas, como en el caso de "¿Hay metro en la Puerta del Sol?" = "*Is Puerta del Sol on the underground?*" En otros casos, hay palabras en la frase que el estudiante de inglés o de español no espera encontrar, como, por ejemplo: "Roberto no tiene padre" = "*Robert hasn't a father,*" o también "Dudo de su palabra"= "*I doubt his word.*"

Para cada frase española, se propone el equivalente más corriente en inglés, lo cual no significa que no haya más. En otras ocasiones, se proponen dos o tres, por ejemplo: "Mira, se me ha caído un botón de la camisa." = "*Look, a button has come off my shirt. / Look, a button has fallen off my shirt.*"

En todo caso, se trata de oraciones corrientes en ambos idiomas, que están construídas con un vocabulario cotidiano, lo que hace de esta obra un manual eminentemente útil y práctico.

The English Linguistics Study Group

A

A

Estamos a su disposición.
We're at your disposal.

Enséñame a cantar.
Teach me to sing. / Teach me how to sing.

Ella está aprendiendo a montar a caballo.
She is learning to ride a horse. / She is learning how to ride a horse.

El huele a vino.
He smells of wine.

Vamos a pasear.
Let's go for a walk.

Ven a sentarte a mi lado.
Come and sit by my side.

¿Cuándo llegaremos a Londres?
When shall we arrive in London?

Iremos a pie.
We'll go on foot.

Hazlo poco a poco.
Do it little by little.

Vamos a jugar.
Let's go and play.

El pueblo está a dos millas de la carretera.
The village is two miles from the road.

Ven a vernos mañana.
Come and see us tomorrow.

Bajaré a decirle que estás aquí.
I'll go down and tell her that you're here.

Escribió la carta a lápiz.
He wrote the letter in pencil.

Ellos vienen dos veces a la semana.
They come twice a week.

¿A cómo son las naranjas?
How much are the oranges?

Apuesto a que él no tiene bastante dinero.
I bet that he hasn't got enough money.

ABAJO

Puso el vaso boca abajo.
He turned the glass upside down.

La cocina está abajo.
The kitchen is downstairs.

¿Ves la casa ahí abajo?
Can you see the house down there?

El diccionario está en el estante de abajo.
The dictionary is on the bottom shelf.

Corrieron escaleras abajo.
They ran down the stairs.

Esperaré abajo.
I'll wait downstairs.

Mira el valle ahí abajo.
Look at the valley below.

Hay gente en la habitación de abajo.
*There are some people in the room
below.*

El examinó la parte de abajo del
coche.
*He examined the under part of the
car.*

ABARCAR

No se pueden abarcar tantas cosas
a la vez.
*One can't undertake so many things
at once.*

ABASTO

No doy abasto.
I have too much to do.

ABIERTA

El dejó la puerta abierta.
He left the door open.

La puerta estaba abierta de par en
par.
The door was wide open.

ABIERTO

Tenemos abierto todos los días de 9
a 1.
*We're open every day between 9
and 1.*

ABRAZADOS

Estaban abrazados.
They were in each other's arms.

ABRAZAR

El la abrazó.
He threw his arms round her.

ABRAZO

Da a papá un fuerte abrazo.
Give daddy a big hug.

ABREVIAR

Le llaman Tim para abreviar.
They call him Tim for short.

ABRIGAR

Abriga al niño.
Wrap the baby up warm.

ABRIGARSE

Ella se abrigó con una manta.
She wrapped herself in a blanket.

Abrigaos bien; hace frío.
Wrap yourselves up well; it's cold.

ABRIGO

Ella llevaba un jersey de abrigo.
She was wearing a warm jersey.

Ayúdame a ponerme el abrigo, por
favor.
Help me on with my coat, please.

ABRIR

Abrió la carta rasgando el sobre.
He tore the letter open.

¡Abran en nombre de la Ley!
Open up in the name of the Law!

Abrió la puerta de par en par.
He threw the door wide open.

Por favor, ábreme la puerta.
Please open the door for me.

Abre el libro por la página 22.
Open the book at page 22.

ABRIRSE

Esta puerta se abre a izquierdas.
This door opens to the left.

Esa puerta se abre hacia fuera, no hacia dentro.
That door opens outwards, not inwards.

ABROCHARSE

Abróchate la chaqueta.
Do up your jacket. / Do your jacket up.

ABRUMADO

Estoy abrumado de trabajo.
I'm up to my eyes in work.

ABSORBIDO

El nadador fue absorbido por un remolino.
The swimmer was sucked into a whirlpool.

ABULTAR

Estas cajas abultan mucho.
These boxes take up a lot of space.

ABURRIDO

El profesor dice que este libro es muy aburrido.
The teacher says this book is very boring to read.

ABURRIR

No le gusta jugar al ajedrez; le aburre.
He doesn't like playing chess; it bores him.

¿Te interesa el cine, o te aburre?
Are you interested in the cinema, or does it bore you?

ABURRIRSE

Nos aburrimos mucho con los Brown.
We became very bored with the Browns.

Me aburrí mucho con la obra.
I was terribly bored by the play.

Me aburro escuchándole.
I'm bored listening to him.

ABUSAR

El no debería abusar de su autoridad.
He shouldn't abuse his authority.

ACABAR

Acaba de acostarse.
He has just gone to bed.

Acababa de sentarme a leer el libro cuando se apagó la luz.
I had just sat down to read the book when the light went out.

No acaba de convencerme.
I'm not quite convinced.

La historia acaba bien.
The story has a happy ending.

No acaba de decidirse.
She's unable to make up her mind.

Acabaron por casarse.
They ended up getting married.

El golpe acabó con él: cayó muerto.
The blow finished him; he fell dead.

ACABARSE

Se acabó.
It's all over.

Se nos ha acabado el tiempo por
   hoy.
Our time is up for today.

Se nos ha acabado el vino.
*We are out of wine. / We have run
   out of wine.*

ACARICIAR
Acarició el perro.
He stroked the dog.

ACCEDER
Le pedimos que viniera con nosotros
   y ella accedió.
*We asked her to come with us and
   she agreed.*

ACCIDENTE
Veintidós personas murieron el año
   pasado en accidentes laborales.
*Twenty-two people were killed in
   accidents at work last year.*

ACELERARSE
Su corazón se aceleró.
Her heart quickened.

ACENTO
El acento recae en la primera sílaba.
The accent falls on the first syllable.

Ella habla portugués con acento
   inglés.
*She speaks Portuguese with an
   English accent.*

ACEPTAR
Aceptamos su propuesta.
We agree to your proposal.

Aceptaron nuestra oferta.
They accepted our offer.

Lo siento, pero no puedo aceptar
   trabajo extra.
*I'm sorry, but I can't take on extra
   work.*

ACERCAR
Acércate una silla.
Pull up a chair for yourself.

Acerca esa silla.
Pull up that chair.

No acerques los dedos a la sierra.
*Keep your fingers well away from the
   saw.*

ACERCARSE
Cuando nos acercamos a la casa,
   vimos que era la de tu hermano.
*As we approached the house, we
   saw it was your brother's.*

Se acercó a mí y dijo: "¡Hola!"
He came up to me and said, "Hello!"

No te acerques a ese gato.
Don't go near that cat.

No te acerques a ese chico.
Keep away from that boy.

Me acerqué al guardia y le pregunté
   la hora.
*I went up to the policeman and
   asked him the time.*

No te acerques más.
Don't come any closer.

Nos estamos acercando al mar.
We're getting near the sea.

Molly tiene miedo a los perros, por
   eso no se acerca a ellos.

Molly is afraid of dogs, so she doesn't go near them.

ACERTAR

Has acertado.
You've guessed right.

Robert apuntó al blanco y no acertó.
Robert aimed at the target and missed it.

ACLARAR

Esta mañana aclaró.
It cleared up this morning.

Eso aclara el significado.
That makes the meaning clearer.

ACLARARSE

El misterio se aclaró antes de lo que yo esperaba.
The mystery was cleared up sooner than I expected.

ACOMPAÑAR

Le acompañaré hasta la puerta.
I'll show you to the door. / I'll see you to the door.

Os acompañaremos hasta el banco.
We'll go along to the bank with you.

El tenor fue acompañado al piano por su hija.
The tenor was accompanied on the piano by his daughter.

Te acompañaré a casa.
I'll walk you home.

ACONSEJAR

Mi padre te aconsejará bien.
My father will give you some good advice.

Me aconsejaron que lo hiciera así.
I was advised to do it that way.

ACORDAR

Acordaron ir a Windsor.
They agreed on going to Windsor.

ACORDARSE

Me acuerdo de haber visto esa película.
I remember seeing that film.

¿Te acordaste de echar la carta?
Did you remember to post the letter?

ACORTAR

¿Puedes acortarme un poco esta falda?
Can you make me this skirt a bit shorter?

ACORTARSE

En otoño los días empiezan a acortarse.
In autumn, the days begin to close in.

ACOSTADO

Estuvo acostado todo el día.
He stayed in bed all day.

ACOSTAR

Ella acostó a Tim.
She put Tim to bed. / She got Tim into bed.

ACOSTARSE

No me acostaré hasta que vengas.
I will stay up until you come back.

Tengo sueño y quiero acostarme.
I'm sleepy and I want to go to bed.

ACOSTUMBRADO

Estoy acostumbrado al frío.
I'm accustomed to cold weather.

No estoy acostumbrado a la comida inglesa.
I'm not used to English food.

Estoy acostumbrado a leer en voz alta.
I'm accustomed to reading aloud.

Está acostumbrado a levantarse tarde.
He is in the habit of getting up late.

No estoy acostumbrado a levantarme temprano.
I'm not used to getting up early.

ACOSTUMBRAR

Yo acostumbraba a jugar al tenis por la mañana.
I used to play tennis in the morning.

ACOSTUMBRARSE

Debes acostumbrarte a hablar despacio.
You must get into the habit of speaking slowly.

ACTORES

¿Qué actores trabajan?
Who are the stars?

ACTUALIDAD

Liverpool, donde vivo en la actualidad, es una ciudad muy grande.
Liverpool, where I am living at present, is a very big city.

ACUDIR

El no acudió a la cita.
He missed the appointment.

ACUERDO

Estamos de acuerdo con lo que dicen.
We agree to what they say.

Estoy de acuerdo en que él tiene razón.
I agree that he's right.

Estoy completamente de acuerdo.
I couldn't agree more.

Nos pusimos de acuerdo.
We agreed among ourselves.

Se pusieron de acuerdo sobre el precio del piso.
They agreed on the price of the flat.

ACUSAR

Le acusaron de matar al escritor.
He was charged with killing the writer.

Le acusaron del asesinato.
He was accused of the murder.

Le acusaron de robar el dinero.
He was accused of stealing the money.

ADELANTADO

Mi reloj va adelantado.
My watch is fast.

Le di una libra por adelantado.
I advanced him one pound.

ADELANTAR

He adelantado el reloj.
I have put the clock forward.

Dicen que adelantarán la boda dos
  semanas.
*They say that the date of the
  wedding will be put forward by a
  fortnight.*

Voy a adelantar a ese camión.
I'm going to overtake that lorry.

ADELANTARSE
Mi reloj se adelanta diez minutos a la
  semana.
My watch gains ten minutes a week.

Mi reloj se adelanta.
My watch is fast.

Me adelanté a saludar a tu hermano.
I went forward to greet your brother.

ADELANTE
Ben dio un paso adelante.
Ben took a step forward.

Dieron dos pasos adelante.
They marched two paces forward.

ADELGAZAR
Estoy tratando de adelgazar.
I'm trying to get my weight down.

Estoy adelgazando.
*I'm growing thinner. / I'm getting
  thinner. / I'm losing weight.*

ADEMAS
Esto es además de lo que dije.
This is in addition to what I said.

Además de llegar tarde, pasan el
  tiempo sin hacer nada.
*In addition to coming late, they
  spend the time doing nothing.*

¿Qué otra cosa se puede hacer
  además de bañarse y tumbarse
  en la arena?
*What else is there to do besides
  bathing and lying on the sand?*

¿Tienes otros diccionarios además
  de éstos?
*Have you any other dictionaries
  besides these?*

ADIOS
Me dijeron adiós.
They said goodbye to me.

Tommy me dijo adiós con la mano.
Tommy waved goodbye to me.

ADIVINAR
Adivina quién viene hoy.
Guess who is coming today.

No adivino el significado.
I can't get at the meaning of it.

¿A que no lo adivinas?
I bet you won't guess.

ADMITIR
Tengo entendido que están
  admitiendo personal
  últimamente.
*I hear they have been taking men on
  lately.*

Esta casa no admite más reformas.
*This house can't take any more
  alterations.*

ADVERTIR
Te advertí que no vinieras.
I warned you not to come.

AFEITARSE

¿Te afeitas todos los días?
Do you shave every day?

Son las diez y todavía no me he afeitado.
It is ten o'clock and I haven't had a shave yet.

Aféitate antes de salir.
Have a shave before you go out.

AFLOJAR

Aflojaron la cuerda.
The rope was slackened.

Afloja un poco la cuerda.
Slacken the rope a bit.

Aflojaré el tornillo; está demasiado apretado.
I'll loosen the screw; it's too tight.

AFLOJARSE

La tuerca se ha aflojado.
The nut has come loose.

AGACHARSE

¡Agáchate!
Keep down!

Me agaché para atarme el cordón del zapato.
I bent down to lace up my shoe.

AGARRAR

Agarra al perro.
Take hold of the dog.

Agarró a su padre de la mano.
He clutched his father by the hand.

Lo agarró del cuello.
He seized him by the neck.

La agarré del pelo.
I caught her by the hair.

Agarra el cacharro del asa.
Hold the pot by the handle.

AGARRARSE

El anciano se agarró a la barandilla.
The old man clung to the banister.

¡Agárrate! Vamos a girar.
Hold tight! We're going to turn a corner.

AGITAR

La enfermera agitó el frasco.
The nurse shook the bottle.

¡Mira! Tu hermano está agitando el pañuelo.
Look! Your brother is waving his handkerchief.

AGOTADA

La pila está agotada.
The battery is low.

AGOTAR

Cuando se me agotaron todos los lápices, tuve que ir a comprar más.
When I used up all the pencils, I had to go and buy more.

AGOTARSE

Se han agotado los periódicos.
They have run out of newspapers.

Se nos ha agotado el dinero.
We have run out of money. / Our money has run out.

AGRADECIDO

Le estoy muy agradecido a él.

I'm very grateful to him. / I feel very grateful to him.

Te estoy muy agradecido por ayudarme.
I'm very grateful to you for helping me.

El está muy agradecido por nuestra ayuda.
He's very grateful to us for our help.

AGREGARSE
Se agregaron a la búsqueda.
They joined the search.

Agrégate a la comida.
Join us for lunch.

AGRIARSE
La leche se ha agriado.
The milk has turned sour.

AGRUPARSE
Todos los alumnos se agruparon para escuchar al profesor.
All the students drew round to listen to the teacher.

AGUA
Los patos están en el agua.
The ducks are in the water.

Se me hacía la boca agua.
My mouth began to water.

Vimos al chico saltar al agua.
We saw the boy jump into the water.

AGUANTAR
No puedo aguantarlo más.
I can't bear it any more.

AGUANTARSE
Tenemos que aguantarnos con ello.
We must put up with it.

AGUINALDO
Les dimos el aguinaldo.
We gave them a Christmas box.

AHI
¡Ahí viene el autobús!
Here comes the bus!

No puedes ir por ahí con esa chaqueta.
You can't go around in that jacket.

AHOGAR
Los gritos ahogaron mi voz.
The cries drowned out my voice.

AHOGARSE
Creí que iba a ahogarme.
I thought I was going to be drowned.

Me tragué un hueso de ciruela y casi me ahogo.
I swallowed a plum stone and almost choked.

AHORA
¿Y ahora qué?
What now?

Eso es todo por ahora.
That's all for now.

Desde ahora en adelante, esta puerta se cerrará con llave a media noche.
From now on this door will be locked at midnight.

Hasta ahora hemos tenido suerte.
Up to now we have been lucky.

AHORRAR

Estoy ahorrando para una radio.
I'm saving up for a radio.

Estoy ahorrando para comprar un ordenador.
I'm saving up to buy a computer.

Ella ahorró algún dinero del sueldo.
She saved some money from her salary.

Deberías ahorrar algo de dinero para cuando vinieran tiempos malos.
You should set aside a little money for a rainy day.

Alice y mi hermano estaban ahorrando para casarse.
Alice and my brother were saving up to get married.

El ha ahorrado algo de dinero para la vejez.
He has saved some money for his old age.

AHORRARSE

Así se ahorra hacerlo dos veces.
This saves its being done twice.

AHUYENTAR

Yo vi cómo el anciano ahuyentaba al perro con el bastón.
I saw the old man beat the dog away with his stick.

AIRE

Salgamos a tomar el aire.
Let's go out for a breath of air.

Estamos en el aire (volando).
We're in the air.

Estamos en el aire (en antena).
We're on the air.

AL

Escocia está al norte de Inglaterra.
Scotland is to the north of England.

Se despertó de repente al oír unos pasos.
He woke suddenly on hearing some footsteps.

Ella cantaba al trabajar.
She sang as she worked.

Al llegar, Tony fue arriba.
On arriving, Tony went upstairs.

Gana 600 libras al mes.
He earns £600 a month.

Hablaré al final de la clase.
I will speak at the end of the class.

Llegaron al parque.
They arrived at the park.

Se rió al verlo.
He laughed to see it.

Lloró al verlo.
He wept to see it.

ALARDEAR

El alardea de ser el mejor jugador del equipo.
He boasts of being the best player in the team. / He boasts of being the team´s best player.

Madrid alardea de tener una de las más importantes pinacotecas del mundo.

Madrid boasts one of the most important picture galleries in the world.

Jack alardeó de que había vencido a dos boxeadores.
Jack boasted that he had beaten two boxers.

ALARGAR

El alargó la mano y cerró la luz.
He reached out and turned the light off.

ALARMARSE

Nos alarmamos enseguida.
We got alarmed at once.

No te alarmes.
Don't be alarmed.

No debes alarmarte.
You mustn't be alarmed.

ALBA

John y Sam partieron al despuntar el alba.
John and Sam started off when dawn broke.

ALCANCE

Eso está a mi alcance.
That's within my reach.

Debes poner este cuchillo fuera del alcance de los niños.
You should put this knife out of the children's reach.

ALCANZAR

Anduvimos deprisa para alcanzarle.
We walked fast to catch up with him.

Los alcanzaremos si nos damos prisa.
We'll catch up with them if we hurry. / We'll catch them up if we hurry.

ALEGRARSE

Me alegré de no tener que hablar con ella.
I was glad that I didn't have to talk to her.

Me alegro de saberlo.
I'm pleased to hear it.

ALEGRIA

La chica saltaba de alegría.
The girl jumped for joy.

ALEJARSE

Se alejaron del bosque.
They walked away from the wood.

Albert me miró y se alejó sin decir una palabra.
Albert looked at me and walked away without saying a word.

Aléjate de la jaula.
Get away from the cage.

No os alejéis de mí.
Keep close to me.

ALERTA

La policía española estaba alerta.
The Spanish police were on the alert.

ALGO

¿Puedo tomar algo de café?
May I have some coffee?

Si hay algo de leche, dame un poco.
Give me some milk (please) if there is any.

¿Quieres beber algo?
Do you want something to drink?

Si quieres beber algo, hay cerveza en el frigorífico.
If you want something to drink, there is some beer in the fridge.

¿Quieres darme algo más de pastel?
Will you give me some more cake?

¿Quieres algo más de pastel?
Will you have some more cake?

Recuerdo algo de inglés.
I remember some English.

¿Sabes algo de árabe?
Do you know any Arabic?

Si quieres algo, pídelo.
If you want anything, ask for it.

Está algo cansada.
She's somewhat tired.

¿Tienes algo más que preguntarme?
Have you anything else to ask me?

Vuelve a leer el párrafo por si se te ha olvidado algo.
Read the passage again to see if you have forgotten anything. / Read the passage again in case you have forgotten something.

¿Crees que pasará algo?
Do you think anything will happen?

¿Podrías contarnos algo sobre España?
Could you tell us something about Spain?

ALGUIEN

Si alguien viene esta mañana, me encontrará aquí.
If anybody comes this morning, they will find me here.

Hay alguien al teléfono.
There is somebody on the phone.

¡Que alguien abra la ventana!
Open the window, someone!

ALGUN

Si hay algún problema, dínoslo.
If there is any trouble, let us know.

¿Conoces a algún actor?
Do you know any actors?

ALGUNA

Siento causarle alguna molestia.
I'm sorry if I cause you any trouble.

¿Has ido alguna vez a Londres?
Have you ever been to London?

ALGUNO

Necesito un empleo; ¿sabes de alguno?
I want a job; do you know of one?

ALGUNOS

Algunos fueron al cine; otros se quedaron en casa.
Some went to the cinema; others stayed at home.

¿Has leído algunos libros interesantes últimamente?
¿Have you read any interesting books lately?

ALIENTO

Hizo una pausa para tomar aliento.

He paused for breath.

Me he quedado sin aliento por correr
a tomar el autobús.
*I'm out of breath from running for the
bus.*

ALIMENTARSE

Estos animales se alimentan de
pescado.
These animals feed on fish.

Las ovejas se alimentan de hierba.
Sheep live on grass.

ALLA

Vaya a la izquierda y a unas
trescientas yardas más allá, verá
la catedral.
*Turn to the left and about three
hundred yards further on, you will
see the cathedral.*

¡Mira allá!
Look that way!

ALLANAR

Las dificultades se allanaron
enseguida.
*The difficulties were quickly ironed
out.*

ALMA

Corrieron como alma que lleva el
diablo.
*They ran as if the devil were after
them.*

ALQUILAR

Alquilé este coche en un garaje.
I hired this car from a garage.

Les pedí que me alquilaran el piso.
I asked them to let the flat to me.

Alquilamos un apartamento para el
verano.
*We took an apartment for the
summer.*

ALQUILARSE

Se alquila un piso cerca de aquí.
There is a flat for rent near here.

Se alquila esta casa.
This house is to let.

ALREDEDOR

La mujer tenía una cadena de oro
alrededor del cuello.
*The woman had a gold chain round
her neck.*

Había árboles alrededor de la
iglesia.
There were trees round the church.

Están construyendo un muro
alrededor de la casa.
*They are building a wall round the
house.*

ALTA

Pon más alta la radio, por favor.
Turn up the radio, please.

ALTERARSE

¡No te alteres!
Keep calm!

ALTERNAR

Alternaba el whisky con el coñac.
He alternated whisky with brandy.

ALTO

Este avión vuela muy alto.
This plane flies very high.

Habla más alto.
Speak louder.

¿Cómo es tu primo de alto?
What height is your cousin? / How tall is your cousin?

No toques el piano tan alto.
Don't play the piano so loudly.

¿Te importaría no hablar tan alto? El niño está dormido.
Do you mind not speaking quite so loud? The baby is asleep.

¿Quiere usted hablar más alto? No le oímos desde aquí.
Will you speak up? We can't hear you from here.

En esa ciudad hay un edificio muy alto.
There's a very tall building in that town.

El estante está tan alto que Tom no lo alcanza.
The shelf is so high that Tom can't reach it.

ALTURA

¿Qué altura tiene ese edificio?
How high is that building?

El avión vuela a gran altura.
The plane is flying very high.

¿Qué altura tiene el Everest?
How high is Mount Everest?

ALUMBRAR

Alumbra con la linterna.
Shine your torch.

AMABLE

Es usted muy amable.
That's very nice of you. / That's very kind of you.

¿Sería usted tan amable de abrir la ventana?
Would you be good enough to open the window? / Would you be so good as to open the window?

AMANECER

Empieza a amanecer.
Day breaks.

Está amaneciendo.
It is getting light.

AMENAZAR

El hombre amenazó con matar a la chica.
The man threatened to kill the girl.

Amenaza lluvia.
It threatens to rain.

AMIGO

Me he hecho amigo del jefe.
I've made friends with the boss.

Me hice amigo de Mr Wilson.
I became quite friendly with Mr Wilson.

AMIGOS

Nos hicimos buenos amigos.
We became good friends. / We became quite friendly.

Somos amigos íntimos.
We're close friends.

He hecho algunos amigos en la clase.

I have made some friends in the class.

Quiero que seamos amigos.
I want us to be friends.

AMISTAD
Hice amistad con el profesor.
I got acquainted with the teacher.

AMOLDARSE
Los Brown deben amoldarse a su posición.
The Browns must adapt themselves to their position.

ANCHURA
¿Qué anchura tiene el río?
How wide is the river? / What's the width of the river?

Tiene doce pies de anchura.
It is twelve feet wide.

ANCLADO
¿No ves un barco anclado en el puerto?
Can't you see a ship at anchor in the harbour?

ANDANDO
Siempre va andando a la oficina.
He always walks to the office. / He always goes to the office on foot.

La escuela está a unos diez minutos andando desde mi casa.
The school is about ten minutes' walk from my house.

ANDAR
Debe de andar cerca de los cincuenta.
He must be getting on for fifty.

Le gustan los juguetes que andan.
He likes toys that move.

Mira, una mosca anda por el techo.
Look, a fly is walking on the ceiling.

Te caerás si andas hacia atrás.
You'll fall down if you walk backwards.

Anduvimos muchas millas.
We walked for miles and miles.

ANDEN
El tren está en el andén.
The train is at the platform.

Había mucha gente en el andén.
There were a lot of people on the platform.

¿Se puede pasar al andén sin billete?
Can you go on to the platform without a ticket?

ANGINAS
Tengo anginas.
I have a sore throat.

ANIMARSE
La mujer se animó cuando oyó la buena noticia.
The woman cheered up when she heard the good news.

¡Anímate!
Cheer up!

ANOCHECER
Está anocheciendo.
It's getting dark. / It's growing dark.

ANOTAR

¿Lo has anotado?
Have you written it down?

ANTE

Fui a su casa ante su insistente invitación.
I went to his house at his urgent invitation.

El chico estaba de pie ante el jefe.
The boy was standing before the boss.

ANTERIOR

El dinero fue robado la noche anterior.
The money was stolen the previous night.

Lee el párrafo anterior, por favor.
Read the above passage, please. / Read the previous passage, please.

ANTES

Prefiero no comer antes que levantarme temprano.
I'd rather not eat than get up early.

Preferiría quedarme en casa antes que ir al cine.
I'd sooner stay at home than go to the cinema.

Debes estudiar la lección antes de hacer el ejercicio.
You must study the lesson before doing the exercise.

Ya he estado en Toledo antes.
I've been to Toledo before.

Nos marchamos antes de que terminara la película.
We left before the film finished.

Hazlo lo antes posible.
Do it as soon as possible.

Vivías en Madrid antes, ¿no?
You used to live in Madrid, didn't you?

Vinieron un día antes.
They came one day earlier than expected.

Deberíamos hacerlo antes de que él venga.
We should do it before he comes.

Mi madre decidió quedarse antes que salir de paseo.
My mother decided to stay rather than go for a walk.

Se lo mandaré a ellos antes de las dos.
I shall send it to them before two o'clock.

Cuanto antes empecemos, antes terminaremos.
The sooner we start, the sooner we'll finish.

ANUNCIAR

¿A quién anuncio?
What name shall I give?

Ellos normalmente anuncian sus productos comerciales en la televisión.
They usually advertise their commercial products on television.

Dorothy anunciará su compromiso la semana que viene.
Dorothy will announce her engagement next week.

AÑICOS

El chico hizo el plato añicos.
The boy broke the dish to pieces.

La botella se cayó al suelo y se hizo añicos.
The bottle crashed to the floor.

AÑO

¿En qué año estamos?
What year is this?

¿En qué año nació ella?
In what year was she born?

AÑOS

Tengo quince años.
I am fifteen years old. / I am fifteen.

El tiene mucho más de treinta años.
He's well over thirty.

Mi abuelo vivió muchos años.
My grandfather lived to be quite an old man.

¿Cuántos años hace que llevas estos zapatos?
For how many years have you worn these shoes?

APACIGUARSE

El niño se apaciguó en cuanto me vio.
The boy calmed down the moment he saw me.

APAGADA

La luz estaba apagada.
The light was off. / The light was out.

APAGADO

El fuego está casi apagado.
The fire is nearly out.

El gas estaba apagado cuando entramos en la cocina.
The gas was off when we went into the kitchen.

APAGAR

Apagaron el fuego.
The fire was put out.

Apaga el aparato.
Switch the set off. / Switch off the set.

Apaga la luz.
Put out the light. / Put the light out. / Switch off the light. / Switch the light off.

Apaga la vela.
Blow out the candle. / Blow the candle out.

APAGARSE

La luz se apagó.
The light went out.

APARECER

Aparecieron de repente.
They burst into view.

Ella apareció por la puerta del comedor.
She appeared at the door of the dining-room.

Creí que él nunca iba a aparecer.
I thought he was never going to show up.

APARENTAR

No aparentas la edad que tienes.
You don't look your age.

Tiene cincuenta pero aparenta más.
He is fifty but looks older.

No aparentas tener treinta años.
You don't look thirty.

Tu hermana apenas aparenta más
de veinte años.
*Your sister looks hardly more than
twenty.*

APARTAR

No podía apartar los ojos de ello.
I couldn't take my eyes off it.

APARTARSE

El abrió la puerta y se apartó para
que el jefe entrara primero.
*He opened the door and stood aside
for the boss to go in first.*

¡Apártate!
Get out of the way!

Apártate de ahí.
Stay away from there.

Apártate de ese perro.
Keep away from that dog.

Se apartó del camino.
He kept out of the way.

APEARSE

¿Se apea usted en la próxima
parada?
Are you getting off at the next stop?

¿Cuándo se apearon del tren?
When did they get off the train?

APENADO

El está muy apenado.
He's frightfully sorry.

APENAS

El apenas trabaja.
He hardly works.

Apenas conozco Francia.
I hardly know France at all.

Apenas tiene dinero.
He has hardly any money.

Apenas consiguió el dinero, se
compró una bicicleta.
*He had no sooner got the money
than he bought a bicycle.*

Apenas son las ocho.
It's hardly eight o'clock yet.

Apenas podía creer lo que oía.
I could hardly believe my ears.

Apenas pude decir dos palabras.
I could hardly say two words.

Apenas hay dinero en la caja fuerte.
*There's hardly any money in the
safe.*

Apenas llovió la semana pasada.
We had hardly any rain last week.

APETECER

Me apetece beber algo.
I feel like a drink.

APETITO

Comió con muy buen apetito.
He ate with gusto.

El ha perdido el apetito.

He has lost his appetite.

El siempre tiene buen apetito.
He always has a good appetite.

APLAUDIR
Ahora debéis aplaudir.
Now you must clap your hands.

APLAUSOS
Se oyó una salva de aplausos.
A burst of applause was heard.

APLAZAR
Aplazaron la reunión.
The meeting was put off.

Debemos aplazar la boda dos semanas.
We must put the wedding back two weeks.

APLICARSE
Ella va a la escuela pero no se aplica mucho.
She goes to school but she doesn't work well.

APOSTAR
¿Qué te apuestas?
What do you bet?

Aposté tres libras a ese caballo.
I put three pounds on that horse.

Le aposté diez libras.
I bet him ten pounds.

El mes pasado gané algún dinero apostando a ese caballo.
I won some money on that horse last month.

Apostó su cadena de oro contra mi reloj.
He bet me his gold chain against my watch.

Te apuesto diez a uno a que él no entiende nada.
I'll bet you ten to one he doesn't understand anything.

Apostamos unas cervezas para ver quién corría más y Jack ganó.
We bet a few beers to see who could run the fastest and Jack won.

APOYARSE
Apóyate en este bastón.
Lean on this stick.

APRECIAR
A pesar de todo, le aprecio.
In spite of all, I like him.

APRENDER
Lo aprenderás sobre la marcha.
You will pick it up as you go along.

Nunca aprendí a jugar al tenis.
I never learnt to play tennis.

Mi hermana está aprendiendo mecanografía.
My sister is learning to be a typist.

Primero debes aprender la pronunciación.
First you must get the pronunciation right.

APRESURARSE
No te apresures.
Don't hurry.

Dorothy se apresuró a hacerlo.
Dorothy hurried to do it. / Dorothy rushed to do it.

No hay que apresurarse.
There's no need to hurry.

No tienes que apresurarte.
There's no need for you to hurry.

APRETAR

Este zapato me aprieta.
This shoe pinches my foot.

Aprieta ese botón.
Press that button.

El apretó la tuerca.
He tightened the screw.

APROBAR

El ha aprobado el examen.
He has passed his examination.

¿Apruebas que vengan con nosotros?
Do you approve of their coming with us?

Yo no apruebo la forma en que ella educa a sus hijos.
I don't approve of the way she brings up her children.

Puedes ir al cine si tu padre lo aprueba.
You can go to the cinema if your father approves.

Por fin el jefe aprobó nuestro proyecto.
At last the boss approved our project.

APROVECHARSE

Siempre se está aprovechando de los otros miembros del club.
He's always taking unfair advantage of the other members of the club.

APUESTA

El me ganó la apuesta.
He won the bet from me.

Yo perdí la apuesta.
I lost my bet.

APUNTAR

La niña me miró y apuntó al cuadro.
The little girl looked at me and pointed to the picture.

El me apuntó con una pistola.
He pointed a gun at me. / He aimed a gun at me.

APURO

Estoy en un apuro.
I'm in a fix.

Tengo que salir del apuro lo antes posible.
I must get over the difficulty as soon as possible.

APUROS

Mi tío David tiene apuros económicos.
My uncle David is hard up.

AQUÍ

Venga por aquí, por favor.
Come this way, please.

Vamos por aquí.
Let's go along here.

¿Está tu hermano por aquí?
Is your brother about?

No hay nadie por aquí.
There's nobody about.

La casa está a tres millas de aquí.
The house is three miles from here.

Soy Tom Wilson (al teléfono).
This is Tom Wilson speaking.

¡Largo de aquí!
Clear off!

¡Aquí! (p. ej. al pedir socorro).
Over here!

Soy de aquí.
I'm a native here.

ARAÑAR
El perro está arañando la puerta.
The dog is scratching at the door.

ARBOL
Ese árbol tiene muchas hojas.
There are a lot of leaves on that tree.

Hay muchas manzanas en aquel árbol.
There are a lot of apples on that tree.

Mira, hay un pájaro en aquel árbol.
Look, there's a bird in that tree.

El chico se subió a un árbol.
The boy climbed up a tree.

El leñador ha cortado un árbol.
The woodman has cut down a tree.

ARDER
El fuego ardió.
The fire burnt.

La madera arde bien.
Wood burns easily.

ARDIENDO
La casa estaba ardiendo.
The house was on fire.

ARMARSE
Debes armarte de valor y decir la verdad.
You must pluck up courage and tell the truth.

ARRANCAR
El perro arrancó un trozo del pantalón del chico.
The dog bit a piece out of the boy's trousers.

Les dije que arrancaran las hierbas del camino.
I told them to pull up the weeds on the path.

ARRASTRAR
Hay que meter la mesa en la habitación arrastrándola.
We must drag the table into the room.

ARREGLAR
Arregla tu habitación enseguida.
Get your room tidied up at once.

Ella arregló la habitación cuando volvió a casa.
She did the room when she came back home.

¿Puede usted arreglar este reloj?
Can you put this watch right?

Lo arreglaré para que veas a Mr
Jenkins la semana próxima.
*I will arrange for you to see Mr
Jenkins next week.*

ARREGLARSE

Tardó mucho en arreglarse.
She took a long time in getting ready.

Tendrás que arreglarte sin la
bicicleta.
*You'll have to get by without the
bicycle.*

Todo se arreglará.
Things will be all right in the end.

ARREGLARSELAS

¿Cómo te las arreglaste para venir?
How did you manage to come?

¿Cómo te las arreglaste con el
idioma cuando estuviste en
Italia?
*How did you manage with the
language when you were in Italy?*

No podría arreglármelas sin Molly.
I couldn't get along without Molly.

Aunque no tengo mucho tiempo, me
las arreglaré para terminar esta
traducción antes de las diez.
*Although I don't have much time, I'll
manage somehow to finish this
translation before ten o'clock.*

ARREGLO

Ya no tiene arreglo.
It's past mending.

ARREMANGARSE

Se arremangó y se puso a trabajar.

He rolled up his sleeves and began
to work.

ARRESTADO

Está usted arrestado.
You're under arrest.

ARRIBA

¡Manos arriba!
Hands up!

Empuja hacia arriba.
Push up.

Tira hacia arriba.
Pull up.

El perro estaba panza arriba.
The dog was lying on its back.

No conozco a la gente del piso de
arriba.
*I don't know the people in the flat
above.*

¡Todo el mundo arriba!
Everybody up!

Mira, el humo va para arriba.
Look, the smoke is going upwards.

ARRIESGADO

Es demasiado arriesgado.
It's too risky.

ARRIESGAR

Sue arriesgó su propia vida por
salvarme.
Sue risked her own life to save me.

ARRIESGARSE

No puedo arriesgarme a perder todo
el dinero.
I can't risk losing all my money.

ARRODILLADO
El estaba arrodillado.
He was on his knees.

ARRODILLARSE
Ella se arrodilló y fregó el suelo.
*She got down on her knees and
scrubbed the floor.*

ARROJAR
Me arrojó la pelota.
He threw the ball to me.

El chico arrojó una piedra al perro.
The boy threw a stone at the dog.

ARROJARSE
Se arrojaron a los brazos.
They rushed into each other's arms.

AS
Es un as del volante.
He's an ace driver.

ASCENDER
¿A cuánto ascendió la cuenta?
What did the bill come to?

Le ascendieron a coronel.
*They promoted him to colonel. / They
made him (a) colonel.*

Ascendió al trono en 1550.
He ascended the throne in 1550.

ASCENSOR
Tome el ascensor hasta el sexto
piso.
Take the lift up to the sixth floor.

¿Sube el ascensor o baja?
Is the lift going up or down?

Bajaron en el ascensor.

They went down in the lift.

Puedes subir las escaleras o tomar
el ascensor.
*You can walk up the stairs or take
the lift.*

ASCO
La habitación estaba hecha un asco.
The room looked a complete mess.

Ella puso cara de asco.
She looked disgusted.

ASEGURAR
Debes asegurar la casa contra
incendio y robo.
*You must insure your house against
fire and theft.*

ASEGURARSE
Asegúrate de que la puerta está
cerrada con llave.
Make sure that the door is locked.

Asegúrate de cerrar la puerta con
llave.
Be sure to lock the door.

Sólo quería asegurarme.
I just wanted to make sure.

Asegúrate de que nadie habla.
Make sure that nobody speaks.

Asegúrate de que no has dejado
nada en el tren.
*Make sure you haven't left anything
on the train.*

ASI
Hazlo así.
Do it like this. / Do it this way.

Así no se hace.
That's the wrong way to do it.

Tiene que ser así.
It has to be this way.

Los autobuses de Londres son así.
The London buses look like this.

¡Así es la vida!
That's life!

No hables así.
Don't speak like that.

Así es como ocurrió.
This is the way it happened.

Michael nunca había gritado así en su vida.
Michael had never screamed that loud in his life.

El reloj iba retrasado, así que lo adelanté.
The clock was slow, so I put it forward.

ASIENTO

Por favor, tome asiento.
Please take a seat.

ASISTENTA

Viene una asistenta para ayudarme en el trabajo más pesado.
I have a woman in for the hard work.

ASISTIR

Tengo que asistir a una conferencia.
I must attend a lecture.

ASOMARSE

Ella se asomó a la ventana.
She leaned out of the window.

ASOMBRADO

Me miró asombrado.
He looked at me in amazement.

ASPECTO

¿Qué aspecto tienen?
What do they look like?

Esto tiene todo el aspecto de ser un gato.
This looks very much like a cat.

La historia tiene todo el aspecto de ser verdad.
The story has all the appearance of being true.

¿No sabes qué aspecto tiene el ladrón?
Don't you know what the thief looks like?

ASUNTO

Eso es asunto tuyo.
That's your affair.

Esto no es asunto tuyo.
Mind your own business.

Mi padre dijo: "Esto es solamente asunto mío."
My father said, "This is absolutely my own business."

No es asunto de discutir el problema aquí.
It isn't the kind of problem to discuss here.

Es un asunto de vida o muerte.
It's a matter of life and death.

Ve derecho al asunto.
Get straight to the point.

ASUSTADO

El chico está asustado.
The boy is frightened.

Al oír el ruido el niño se despertó
asustado.
*The child woke up in a fright at the
noise.*

ASUSTAR

Ella me asustó.
She frightened me.

No me asustes.
*Don' t frighten me. / Don't make me
frightened.*

ASUSTARSE

El perro se asustó y salió corriendo.
The dog got a fright and ran away.

Los ratones se asustan de los gatos.
*Mice are frightened of cats. / Mice
are afraid of cats.*

Me asusté.
I got a fright. / I felt frightened.

ATADO

Estaba atado a una farola.
It was fastened to a lamppost.

ATAJO

Vamos por el atajo.
Let's take the short cut.

ATAR

Ata al perro.
Tie up the dog.

Atalos juntos.
Tie them together.

Ataron al muchacho de pies y
manos.
The boy was bound hand and foot.

ATARSE

Atate los zapatos.
*Do up your shoes. / Lace up your
shoes.*

ATASCARSE

El camión se atascó en el barro.
*The lorry got stuck in the mud. / The
lorry was stuck in the mud.*

La cañería se atascó con unos
trapos.
The pipe was choked up with rags.

ATENCION

Hizo eso para llamar la atención.
He did that to get attention.

Le han llamado la atención por no
ser puntual.
*He has been reprimanded for not
being punctual.*

Pon atención a los semáforos.
Pay attention to the traffic-lights.

Presta atención a lo que digo.
Pay attention to what I say.

ATERIDOS

Tengo los dedos ateridos de frío.
My fingers are frozen stiff.

ATERRADO

Estaba aterrado.
I was filled with terror.

ATMOSFERA

La atmósfera está cargada.
It's stuffy in here.

ATONITO

Eso me ha dejado atónito.
That has completely taken my breath away.

ATRACO

¡Esto es un atraco!
This is a hold-up!

ATRAER

Eso no me atrae.
That doesn't appeal to me.

Su conferencia atraerá a un gran auditorio.
His lecture will draw a large audience.

ATRAIDO

Si la conociera, se sentiría atraído por una chica tan guapa.
If he met her, he would be attracted to such a beautiful girl.

ATRANCADA

La cañería de desagüe está atrancada.
The drain is blocked.

ATRAPADO

El conejo quedó atrapado.
The rabbit got trapped.

ATRAS

Córrete más atrás.
Move further back.

El jardín está en la parte de atrás de la casa.
The garden is at the back of the house.

Betty está sentada en la fila de atrás.
Betty is sitting in the back row.

ATRASADO

Mi reloj va atrasado.
My watch is slow.

ATRASARSE

Mi reloj se atrasa diez minutos a la semana.
My watch loses ten minutes a week.

El reloj se atrasó.
The clock ran slow.

ATRAVESAR

Atravesemos la calle.
Let's cross the street. / Let's go across the street.

ATREVERSE

¡Cómo te atreves a pegarla!
How dare you strike her!

¡Cómo te atreves!
How dare you!

No me atreví a decir ni una palabra.
I didn't dare to say a word.

No me atrevo a dar un paso.
I don't dare to take a step.

Se atrevió a discutir con el capataz.
He dared to argue with the foreman.

¿Te atreves a cruzar la calle?
Dare you cross the street?

ATROPELLAR

Al hombre le atropelló un coche.
The man got knocked down by a car. / The man was knocked down by a car. / The man was run over by a car.

Te atropellará un coche si cruzas la
    calle ahora.
*You will get run over if you cross the
    street now. / You will be run over
    if you cross the street now.*

AUN

Aún no han venido.
They haven't come yet.

¿No han venido aún?
Haven't they come yet?

¿Estáis aún ahí?
Are you still there?

¿Está tu hermano leyendo aún La
    Isla del Tesoro?
*Is your brother still reading Treasure
    Island?*

AUNQUE

Aunque llueva iremos al parque.
*Even if it rains we shall go to the
    park.*

Aunque está ocupado, hace un
    hueco para ir a ver a su madre.
*Even though he's very busy, he
    makes time to go and see his
    mother.*

Aunque mi hermana trabaja mucho,
    no gana bastante dinero.
*However hard my sister works, she
    doesn't make much money.*

AUTOBUS

Me subí al autobús.
I got on the bus.

Me bajé del autobús.
I got off the bus.

Corrí a tomar el autobús.
I ran for the bus.

No hay ningún autobús que vaya al
    parque.
There's no bus to the park.

Fuimos al teatro en el autobús
    número 1.
*We went to the theatre by bus
    number 1.*

Tomaré el autobús 83.
I'll catch a number 83 bus.

AUTORIDAD

El es una autoridad en matemáticas.
He's an authority on mathematics.

AVERGONZARSE

Me avergüenzo de lo que hice.
I'm ashamed of what I did.

AVERIA

Tuvimos una avería.
We had a breakdown.

AVERIARSE

Se me averió el coche.
My car broke down.

AVERIGUAR

Lo averiguaré por mí mismo.
I'll find out for myself.

AVION

Enviaré la carta por avión.
I'll send the letter by plane.

Fuimos en avión desde Londres a
    París.
We flew from London to Paris.

AVISAR

Yo les había avisado de ese peligro.
*I had warned them about that
    danger.*

AVISTAR

Avistamos un barco de guerra.
A warship came into view.

AYER

Ayer fue jueves.
*Yesterday was Thursday. / It was
    Thursday yesterday.*

AYUDA

Necesito ayuda.
I need some help.

Telefonearé para pedir ayuda.
I'll go and phone for help.

Lo hice solo, sin ayuda.
I did it all by myself. / I did it all alone.

AYUDAR

Te ayudaré a escribir la carta.
*I'll help you write the letter. / I'll help
    you to write the letter.*

Ayúdale a ponerse el abrigo.
Help him on with his coat.

Ayúdame a hacer esta traducción.
Help me with this translation.

Estoy contento de ayudar.
I'm glad to be of help.

No consigo que él me ayude.
I can't get him to help me.

Ayudaré a tu madre a fregar los
    platos.
I'll help your mother wash up.

Le ayudé a salir del agua.
I helped him out of the water.

Ayudé a Jack a que se pusiera el
    abrigo.
*I helped Jack put his coat on. /
I helped Jack to put his coat on.*

Se apresuraron a ayudarnos.
They rushed to our aid.

B

BAILAR

Bailaremos con los discos.
We'll dance to the records.

El chico bailó de alegría.
The boy danced for joy.

BAJAR

Bajé el libro del estante.
I took the book down from the shelf.

Baja la ventanilla.
Lower the window.

Baja la voz.
Lower your voice.

Baja el capó del coche.
Put down the hood of the car.

Bajaron de la cima.
*They went down from the mountain
    top.*

Lo bajaron con grúas.
It was lowered by cranes.

Baja a comprar el periódico.
Go down and buy the newspaper.

Baja a la panadería.
Go down to the baker's.

Bajaron por las escaleras.
They went down by the stairs.

La temperatura ha bajado a cero grados.
The temperature has dropped to freezing point.

El cobrador te ayudará a bajar del autobús.
The conductor will help you down from the bus.

El chico bajó por la cuerda.
The boy came down the rope.

BAJARSE

Se bajó del caballo.
He got off the horse.

Bájate de esa silla.
Come down off that chair. / Get down from that chair.

Paré la moto y me bajé.
I stopped the motorcycle and got off.

BAÑAR

¿Cuándo vas a bañar al niño?
When are you going to bath the baby?

BAÑARSE

Acabo de bañarme.
I've just had a bath.

Solía bañarme en este río cuando era joven.

I used to swim in this river when I was young.

Nos bañaremos en el mar.
We'll have a swim in the sea.

BARATO

A la larga, lo barato es caro.
Cheap things are expensive in the long run.

BASTA

Esto basta.
That will do.

BASTANTE

Ya es bastante.
That will do. / That's enough.

David es lo bastante mayor para viajar solo.
David is old enough to travel alone.

Mr Wilson tiene bastante dinero para comprarse un ordenador.
Mr Wilson has enough money to buy a computer.

Tiene bastante mal genio.
He has a rather bad temper.

Entiendo inglés bastante bien, pero no del todo.
I can understand English fairly well, but not perfectly.

Hay bastante jerez para todos.
There's enough sherry for all of us.

Es bastante improbable que él apruebe el examen.
It's fairly unlikely that he'll pass his exam.

BASTANTES
Tengo una granja con bastantes
   animales.
*I have a farm with quite a lot of
   animals.*

BEBER
La mujer bebía té en una taza.
*The woman was drinking tea out of a
   cup.*

A John le gusta beber de la botella.
*John likes drinking straight from the
   bottle.*

BECA
John ganó una beca para Oxford.
John won a scholarship to Oxford.

BENDECIR
¡Dios te bendiga!
God bless you!

BENEFICIO
Sacamos un buen beneficio de ello.
We made a pretty penny out of it.

Sacaron un buen beneficio del
   carbón.
*They made a good profit from the
   coal.*

BESAR
La besé en la mejilla.
I kissed her on the cheek.

BETUN
¿Quieres dar betún a mis zapatos?
Will you polish my shoes?

BICICLETA
Siempre van en bicicleta.
They always go by bicycle.

El siempre va en bicicleta.
He always rides a bicycle.

¿Sabes montar en bicicleta?
Can you ride a bicycle?

Ella se fue a dar un paseo en
   bicicleta.
She went for a ride on her bicycle.

Ven a montar en bicicleta conmigo el
   próximo fin de semana.
*Come for a bicycle ride with me next
   week-end.*

BIEN
Esta medicina le hará bien.
This medicine will do him good.

Esto te hará bien.
This will do you good.

Eso me sentó muy bien.
*That did me a lot of good. / That did
   me a great deal of good.*

El té le sentó bien.
The tea made him feel better.

Acabó bien.
It turned out all right.

Este reloj va bien.
This watch keeps good time.

El habla muy bien español.
He speaks very good Spanish.

¿Se te da bien el ajedrez?
Are you any good at chess?

No se le da muy bien hablar inglés.
*He's not very good at speaking
   English.*

No se me da muy bien contar
   historias.
I'm not very good at telling stories.

Las cosas les van bien.
Things are going well for them.

Tony va muy bien en la escuela.
Tony is doing very well at school.

Yo sé nadar tan bien como tú.
I can swim as well as you.

¡Qué bien!
That's good!

Hazlo bien.
Do it properly.

Abre bien la boca.
Open your mouth wide.

¿Está bien así?
Will that do?

Así está bien.
That'll do.

Estoy seguro que todo acabará bien.
I'm sure everything will end happily.

No sostienes bien la pluma.
You are not holding the pen right.

BIFURCARSE

En este punto la carretera se bifurca.
At this point the road branches.

BILLETE

¿Cuánto cuesta el billete de aquí al
   parque?
*How much is the fare from here to
   the park?*

BLANCA

Estamos sin blanca.
We're broke.

BLANCO

No di en el blanco.
I didn't hit the target.

BOBO

¡Qué bobo eres!
You, little fool!

BOCA

¡Calla la boca!
*Keep your mouth shut!. / Hold your
   tongue! / Shut up!*

Se me hace la boca agua.
*That makes my mouth water. / My
   mouth is beginning to water.*

Volvió el vaso vacío boca abajo.
*He turned his empty glass upside
   down.*

Estaba boca abajo sollozando.
She lay face down sobbing.

Los vasos deberían estar boca
   arriba.
*The glasses ought to be the right
   way up.*

La caja no estaba boca abajo;
   estaba boca arriba.
*The box was not upside down; it was
   right side up.*

BOFETADA

La chica me dio una bofetada y salió
   de la habitación.
*The girl slapped me and walked out
   of the room.*

BOLSILLO
Todo lo pagué de mi bolsillo.
I paid everything out of my pocket.

BOMBEROS
Llama a los bomberos inmediatamente.
Ring up the fire station at once.

BONDAD
Tenga la bondad de cerrar la puerta.
Be so good as to close the door.

BORRAR
Ahora borra el encerado con el borrador.
Now clean the blackboard with the board rubber.

Ahora borra el dibujo y empieza de nuevo.
Now rub out the drawing and start again.

BOTON
Mira, se me ha caído un botón de la camisa.
Look, a button has come off my shirt.

BRAZO
Cógeme del brazo.
Take hold of my arm.

Deja el brazo caído.
Let your arm go quite limp.

Peter es su brazo derecho.
Peter is his right-hand man.

Iban del brazo por la calle.
They walked along the street arm in arm.

La cogí del brazo y la llevé al comedor.
I took her arm and led her to the dining-room.

BREVE
Estarán aquí en breve.
They'll be here before long.

BRILLO
Primero saca brillo a los dorados.
First polish the brass.

Hay que sacar brillo a toda esta plata.
All this silver needs polishing.

BRINDAR
¡Brindemos por la feliz pareja!
Let's drink to the happy couple!

BRINDIS
¡Un brindis por los novios!
A toast to the bride and groom!

BROMA
No es cosa de broma.
It isn't a thing to laugh about.

No te enfades; lo decía en broma.
Don't get annoyed; I was only joking.

BUENAVENTURA
Quiero que me digan la buenaventura.
I want to have my fortune told.

BUENO
Este pescado está bueno.
This fish is good to eat.

Lo di por bueno.
I approved it.

El es muy bueno boxeando.
He's very good at boxing.

El chico es bueno con los animales.
The boy is kind to animals.

BURLARSE

¡Nadie se va a burlar de ti otra vez!
*Nobody is going to make a fool of
    you a second time!*

BUSCAR

Manda a buscar algo de vino.
Send out for some wine.

¿A qué hora vengo a buscarte?
What time shall I pick you up?

Se fue a buscar más vino.
He went in search of more wine.

Iré a buscarte a eso de las cinco.
I'll call for you at about five.

Yo buscaré por el sótano.
I'll search the basement.

Le busca la policía.
He's wanted by the police.

C

CABALLO

Iba a caballo.
He was riding a horse.

CABALLOS

¿Cuántos caballos tiene tu coche?
What horse-power is your car?

Tiene treinta caballos.
It's a thirty horse-power car.

CABER

Este libro no te cabe en el bolsillo.
This book won't fit in your pocket.

Esto no cabe.
This won't go in.

En esta habitación no caben veinte
    personas.
*Twenty people won't fit into this
    room.*

El no cabe por esa puerta.
He can't get through that door.

No me cabe este jersey.
I can't get into this jersey.

Sólo caben cinco personas en el
    coche.
Only five people can get into the car.

CABEZA

Pusieron precio a su cabeza.
They set a price on his head.

¡Qué le corten la cabeza!
Off with his head!

¡Qué cabeza tengo!
How forgetful I am!

El coñac se le subió a la cabeza.
The brandy went to his head.

CABO

No creo que tú puedas llevarlo a
    cabo.
*I don't think you'll be able to carry it
    out.*

CADA

El tren pasa cada cinco minutos.
The train passes every five minutes.

Di un bolígrafo a cada estudiante.
I gave a ball-pen to each student.

El autobús para cada dos manzanas.
The bus stops every other block. /
    The bus stops every two blocks.

Nueve personas de cada diez harían
    lo que tú.
Nine people out of ten would do the
    same as you.

CADENA

El perro estaba atado a una cadena.
The dog was on a chain.

Lleva un pito colgando de una
    cadena.
He carries a whistle on a chain.

CAER

No caigo.
I don't get it.

Caían como moscas.
They fell in scores. / They fell by the
    score.

La ciudad cayó en manos del
    enemigo.
The city fell to the enemy troops.

CAERSE

Se cayó por la ventana.
He fell out of the window.

Se cayó por la escalera.
He fell down the steps.

Se cayó en la calle.

He fell down in the street.

¡Que no se te caiga el jarrón!
Don't let the vase drop!

Se le cayeron las tazas y las rompió.
He dropped the cups and broke
    them.

Se cayó al agua.
He fell into the water.

Se cayó de la bicicleta.
He fell off his bicycle.

Se cayó del árbol.
He fell from the tree.

Se cayó al suelo.
He fell on the floor.

El estante se cayó.
The shelf came down.

Se le cayeron los pantalones.
His trousers slipped down.

La taza se cayó al suelo.
The cup fell to the ground.

Mira, se me ha caído un botón de la
    camisa.
Look, a button has come off my shirt.
    / Look, a button has fallen off my
    shirt.

¡Que me caigo!
Oh, I'm falling!

Mira, se me ha caído un diente.
Look, one of my teeth has fallen out.

El vagabundo se cayó del tren.
The tramp fell off the train.

El hombre se cayó muerto.
The man dropped down dead.

Se cayó todo lo largo que es.
He fell down full length.

CAJON
Vació el cajón.
He turned out the drawer.

CALAMBRE
Toqué el cable y me dio calambre.
I touched the wire and got a shock.

Una vez cuando estaba nadando me
dio un calambre.
*Once when I was swimming I got
cramp.*

CALCULAR
Tenemos que calcular cuántas horas
se tarda en autobús.
*We have to work out how many
hours the journey by bus takes.*

CALENTARSE
Encendi fuego para calentarme.
I lit a fire to keep myself warm.

Me acerqué a la estufa y me calenté
las manos.
*I walked to the stove and warmed my
hands at it.*

El cuarto de baño se calienta con
una estufa eléctrica.
*The bathroom is warmed by an
electric fire.*

CALLARSE
¡Cállate!
Keep quiet! / Shut up!

¡Callaos todos!
Quiet, everybody!

CALLE
El salió a la calle.
He went out into the street.

¿En qué calle vives?
What street do you live in?

CALMA
Tómalo con calma.
Take it easy.

Hay que tomar las cosas con calma.
You've got to take things easy.

CALMARSE
Cálmate.
Calm down. / Calm yourself.

El mar se calmó.
The sea grew calmer.

CALOR
Esta manta te dará calor.
This blanket will keep you warm.

Tengo mucho calor.
I'm very hot.

Está haciendo más calor.
The weather is getting warmer.

CALVO
Te estás quedando calvo.
You're getting bald.

CALZAR
¿Qué número calzas?
What size shoes do you take?

Yo calzo un ocho.
I take size eight in shoes.

¿Calza tu hermano un número mayor que tú?
Does your brother take a bigger size shoe than you?

CAMA

Me metí en la cama.
I got into bed.

Me levanté de la cama.
I got out of bed.

Hace dos días que mi padre está en cama con gripe.
My father has been laid up for two days with the flu.

Vete a la cama enseguida.
Go to bed at once.

Alguien había dormido en mi cama.
My bed had been slept in.

CAMBIAR

Cambié un bolígrafo por un lápiz.
I exchanged a ballpoint pen for a pencil.

Cámbieme una libra.
Give me change of a pound.

Debes cambiar "foot" por "feet".
You must alter "foot" to "feet". / You must change "foot" to "feet".

¿Quieres cambiar de asiento conmigo?
Will you change seats with me?

CAMBIARSE

Me cambié de ropa.
I changed my clothes.

CAMBIO

Quédese con el cambio.
Keep the change.

CAMINO

Los vi de camino a casa.
I saw them on my way home.

Echa esta carta de camino a la oficina.
Post this letter on your way to the office.

¿Es éste el camino de la estación?
Is this the right way to the station?

Este no es el camino.
This is the wrong way.

Volvamos por otro camino.
Let's go back a different way.

Emprendieron el camino de regreso.
They started on their way back.

Tuvo un accidente por el camino.
He had an accident on the way.

Zaragoza está a mitad de camino entre Madrid y Barcelona.
Zaragoza is half-way between Madrid and Barcelona.

Van de camino a la escuela.
They are on their way to school.

Se paró a mitad de camino de la puerta.
She stopped half-way to the door.

Nos queda mucho camino.
We have a long way to go.

Mr Wilson pasó durmiendo la mayor parte del camino a París.
Mr Wilson slept most of the way to Paris.

Tendremos que abrirnos camino entre la multitud.
We'll have to push through the crowd.

Se me ha olvidado el camino.
I've forgotten which way to go.

Pregúntale el camino a aquel guardia.
Ask that policeman which way to go.

Nos pusimos en camino a las ocho.
We started off at eight o'clock.

CANOSO

La mujer tenía el pelo canoso.
The woman's hair was streaked with grey.

CANSADO

Estoy muy cansado.
I'm quite worn out.

Estoy cansado de esperar.
I'm tired of waiting.

CANSAR

Este trabajo me cansa.
This work makes me tired.

Este trabajo tan pesado me ha cansado.
This hard work has tired me out.

CANTAR

No cantes tan alto.
Don't sing so loudly.

Canta bajito.
Sing quietly.

Mi madre solía cantarme.
My mother used to sing to me.

Cántale al niño para que se duerma.
Sing the baby to sleep.

Cántanos una canción.
Sing us a song. / Sing a song for us.

Dorothy cantó y yo la acompañé al piano.
Dorothy sang and I accompanied her on the piano.

Ella canta desentonando.
She is singing out of tune.

CARA

Echémoslo a cara o cruz.
Let's toss up for it. / Let's toss up.

¡Qué cara más dura!
What a nerve!

¿Cara o cruz?
Heads or tails?

CARCAJADAS

La chica se rió a carcajadas.
The girl burst into laughter. / The girl laughed aloud.

CARCEL

Le metieron en la cárcel.
They put him in jail.

Fue a la cárcel por robo.
He went to prison for stealing.

Fui a la cárcel a ver a Jack.
I went to the prison to see Jack.

Metieron al ladrón en la cárcel.
The thief was sent to prison.

Irás a la cárcel por esto.
You'll go to jail for this.

CARGADA
La atmósfera está cargada aquí
   dentro.
It's stuffy in here.

CARGADO
El revólver está cargado.
The revolver is loaded.

El camión está cargado de ladrillos.
The lorry is loaded with bricks.

CARGAR
Cargaron el camión de ladrillos.
They loaded up the lorry with bricks.

CARGO
El se ha hecho cargo del negocio.
He has taken over the business.

El ocupó el cargo de Mr Wilson
   mientras estuvo fuera.
*He stood in for Mr Wilson while he
   was away.*

Me hice cargo del trabajo de mi
   hermano durante las vacaciones.
*I took on my brother's work during
   the holidays.*

Mr Jackson está a cargo del curso.
*Mr Jackson is in charge of the
   course.*

CARNE
He oído hablar de él pero me
   gustaría verle en carne y hueso.

*I've heard of him but I would like to
   see him in the flesh.*

CARRERA
Mi hijo está estudiando la carrera de
   derecho.
My son is studying law.

Te echo una carrera hasta la fuente.
I'll race you to the fountain.

CARRETERA
Hay mucho tráfico por esta carretera.
There is a lot of traffic on this road.

No hay muchos autobuses en la
   carretera hoy.
*There aren't many buses on the road
   today.*

Había algunos baches en la
   carretera.
There were some holes in the road.

El restaurante está en la carretera de
   Londres.
*The restaurant is on the London
   road.*

CARTA
El no ha contestado a mi carta.
*He hasn't answered my letter. / He
   hasn't replied to my letter.*

CARTEL
Hace dos años que la obra está en
   cartel.
*The play has been running for two
   years.*

La obra estuvo en cartel tres años.
The play ran for three years.

Hay un cartel en la pared.

There's a sign posted on the wall.

CASA

Te veré en tu casa.
I'll see you at your home.

Llévame a casa.
Take me home.

Voy a llamar por teléfono a casa.
I'm going to call home.

Tengo un cuadro en casa.
I have a picture at home.

Fui corriendo a casa.
I ran home.

Venga a casa a tomar el té.
Come to my house for tea.

¿Tenemos dinero en casa?
Have we got any money in the house?

El llevó los libros a casa.
He carried the books home.

¿Cuándo llegaste a casa?
When did you get home?

¿Cuándo saliste de casa?
When did you leave home?

¿Cuándo volviste a casa?
When did you come back home?

Fui andando a casa.
I walked home.

Ella volvió a su casa.
She came back to her home.

Me quedaré en casa.
I'll stay at home.

Está usted en su casa.
Make yourself at home.

No estaban en casa cuando fui a visitarles.
They weren't at home when I called at their house.

Les vimos cuando veníamos para casa desde la escuela.
We saw them on our way home from school.

Llegué a casa tarde para la comida.
I came home late for lunch.

Las bebidas corren por cuenta de la casa.
The drinks are on the house.

Fueron de casa en casa.
They went from house to house.

Compré el periódico de camino a casa.
I'll buy the newspaper on my way home.

Esta es una tarta hecha en casa.
This is a home-made cake.

Escribió una carta a su casa.
He wrote a letter home.

CASADO

¿Con quién está casado?
Who is he married to?

Está casado con una inglesa.
He is married to an English girl.

CASAR

Les casó un sacerdote.
They were married by a priest.

Casó a su hija con un ingeniero.
She married off her daughter to an engineer.

La modista no puede casar la tela de mi vestido.
The dressmaker can't match the material of my dress.

CASARSE

Se casó con una inglesa.
He married an English girl.

Se casó ayer.
He got married yesterday.

Se casaron ayer.
They were married yesterday.

Ella se casó con otro.
She married somebody else.

Debemos casarnos enseguida.
We must get married at once.

Me caso con Bárbara mañana.
I'm getting married to Barbara tomorrow.

Ella se casó con Tony por su dinero.
She married Tony for his money.

CASI

Compré el coche por casi nada.
I bought the car for next to nothing.

Es casi imposible.
It's next to impossible.

Sostén la escalera; casi me caigo.
Hold the ladder; I nearly fell.

Casi se me olvida.
I nearly forgot it.

Todo fue perfectamente durante casi un mes.
All went well for almost a month.

CASO

No hagas caso a Oliver.
Don't mind Oliver.

No le hagas caso.
Don't listen to him. / Don't take any notice of him. / Don't pay any attention to him.

Debes hacer más caso a Lucy.
You must pay Lucy more attention.

En caso de que me olvide, recuérdame que conteste a su carta.
In case I forget, remind me to answer his letter.

El caso es hacerlo enseguida.
The thing is to do it at once.

No hagas caso de eso.
Pay no attention to that.

Ese no es el caso.
That's not the point.

Eso no viene al caso.
That's beside the point.

Vamos al caso.
Let's get to the point.

Las penas por no hacer caso del reglamento son extremadamente severas.
Penalties for ignoring the regulations are extremely severe.

CASTIGADO
Se quedó castigado en la escuela.
He was kept in after school.

CASUAL
El encuentro fue casual.
The meeting was accidental.

CASUALIDAD
¿Sabes por casualidad dónde trabaja?
Do you happen to know where he works?

Me encontré con ellos por pura casualidad.
I met them quite accidentally.

¡Qué casualidad!
What a coincidence!

Si por casualidad tienes una moneda, dásela.
If you happen to have a coin, give it to him.

Si por casualidad ves a Betty, invítala a cenar.
If you happen to see Betty, invite her to dinner.

CATAR
Cataré la sopa.
I'll taste the soup.

CAUSA
Regañaron por causa del dinero.
They had a quarrel about the money.

A causa del mal tiempo, se suspendió la merienda en el campo.
Owing to bad weather, the picnic was cancelled.

CAUSAR
Ella me causó buena impresión.
She made a good impression on me.

El nos causó muchas molestias.
He caused us a lot of trouble.

CELEBRAR
Hay que celebrarlo.
This calls for a celebration.

¡Celebrémoslo!
Let's celebrate!

CELEBRARSE
El examen se celebrará el lunes.
The examination will be held next Monday.

¿Cuándo se celebra la boda?
When is the wedding going to take place?

¿Cuándo se celebra la fiesta?
When is the party to be?

CENAR
Les invitamos a cenar.
We asked them to have dinner with us.

Cené pescado.
I had fish for dinner.

¿Has cenado?
Have you had your dinner? / Did you have any supper?

Estaban cenando cuando yo entré.
*They were eating their dinner when I
entered.*

CEÑIRSE
Cíñase al tema.
Keep to the point.

CERCA
Ella le miraba de cerca.
She was watching him closely.

Debe de andar cerca de los
cincuenta.
He must be getting on for fifty.

Hay un banco cerca de aquí.
*There's a bank near here. / There's a
bank nearby.*

Estaba de pie cerca de mí.
*He was standing near me. / He was
standing close to me.*

Está muy cerca.
It's a very short way.

Yo soy el que vive más cerca.
I live the nearest.

CERRADA
¿Está la ventana abierta o cerrada?
Is the window open or closed?

La puerta está cerrada con la llave
por dentro.
*The door is locked with the key on
the inside.*

CERRADO
Es cerrado de mollera.
He is a thick head.

El gas está cerrado.

The gas is out.

CERRAR
Cerró el libro de golpe.
He slammed the book shut.

Cerró la puerta tras sí.
He closed the door behind him.

CERRARSE
La puerta se cerró de golpe.
The door slammed shut.

CESAR
Los tambores cesaron.
The drums went silent.

CHAQUETA
Ponte la chaqueta.
*Put on your jacket. / Put your jacket
on.*

Quítate la chaqueta.
*Take off your jacket. / Take your
jacket off.*

CHARLAR
Venga a charlar con nosotros.
Come and have a word with us.

Vamos a tomar una cerveza y a
charlar.
Let's talk over a glass of beer.

CHEQUE
El cheque estaba extendido a
nombre del Sr. W. Smith.
*The cheque was made out to Mr W.
Smith.*

Me dio un cheque por seis libras del
Banco de Leicester.
*He gave me a cheque for six pounds
drawn on the Leicester Bank.*

Voy a cobrar un cheque.
I'm going to cash a cheque.

CHICO
Sé buen chico y tráeme las gafas.
Be a dear and fetch my glasses for me. / Fetch me my glasses; there's a dear.

CHIFLADO
Estás chiflado.
You're off your head.

CHIFLAR
Esta es la sortija que me chifla.
This is the ring that has caught my fancy.

CHINO
Esto me parece chino.
It's Greek to me.

CHOCAR
¡Chócala!
Shake!

No me choca que esté cansado.
It's no wonder he's tired.

El coche chocó contra el muro.
The car crashed into the wall. / The car ran into the wall.

Un camión y un autobús chocaron de frente.
A truck and a bus collided head-on.

Los dos coches chocaron.
The two cars bumped into each other.

CIELO
Se veía el avión en el cielo.
You could see the plane in the sky.

Hay nubes en el cielo.
There are some clouds in the sky.

Eres un cielo.
You are a darling.

CIERTO
¿Estoy en lo cierto al pensar que él es rico?
Am I right in thinking that he is rich?

CINE
Esta comedia ha sido llevada al cine.
This play has been made into a film.

Ayer estuve en el cine.
I was at the cinema yesterday.

Lo vi en ese cine.
I saw it at that cinema.

Había mucha gente en el cine ayer.
There were a lot of people at the cinema yesterday.

CINTURA
El estaba en la piscina con el agua hasta la cintura.
He stood waist deep in the swimming-pool.

CIRCULAR
Hay que circular por la derecha.
You must keep to the right.

CLASE
No tengo clase hoy.
I have no class today.

No hay clase el lunes que viene.
There will be no classes next Monday. / There won't be any classes next Monday.

Hoy no hay clase.
There's no class today.

Voy a casa después de clase.
I'm going home after class.

Siéntate en la parte de atrás de la
clase.
Sit at the back of the class.

El está ahora en clase.
He is in class now.

Allí venden toda clase de libros.
They sell all kinds of books there.

Esta gente es de clase trabajadora.
These people are working class.

¿Qué clase de trabajo haces?
What type of work do you do?

CLASIFICAR

¿Quieres clasificarme todas estas
cartas?
*Will you sort out all these letters for
me?*

CLAVAR

Ahora tenemos que clavar la tapa
del cajón.
*Now we must nail down the lid of the
box.*

Clava estos clavos, ¿quieres?
Hammer in these nails, will you?

CLAVARSE

Mi hermana se clavó la aguja en un
dedo.
*My sister stuck the needle into her
finger.*

Se clavó el alfiler en un pie.
The pin ran into her foot.

CLAVO

Has dado en el clavo.
You've hit the nail on the head.

COBRAR

Aún no he cobrado el cheque.
I have not cashed the cheque yet.

Aún no he cobrado.
I haven't got paid yet.

Esto se cobrará como extra.
This will be charged extra.

Lo compraré cuando cobre.
I'll buy it when I get paid.

Cobré unas lecciones.
I was paid for some lessons.

COCHE

No tengo coche propio.
I have no car of my own.

Siempre voy a la oficina en coche.
I always drive to the office.

Fueron a Londres en coche.
They drove to London.

Te llevaré en mi coche a la oficina.
I will drive you to the office.

Me llevaron en coche.
I got a lift.

Nunca voy en coche a la ciudad.
I never drive to the city in my car.

¿Quieres que te lleve en coche?
Do you want a lift?

Pon el coche en marcha.
Start the car up.

No puedo poner el coche en marcha.
*I can't start the car. / I can't get the
    car to start.*

Nos llevaron a Manchester en su
    coche.
*They drove us to Manchester in their
    car.*

Te llevaré a casa en coche si
    quieres.
I'll drive you home if you like.

Tom se mató en un accidente de
    coche.
*Tom was killed in a motoring
    accident.*

CODOS

Esta chaqueta tiene los codos
    desgastados.
This jacket is out at the elbows.

COGER

Cogió el periódico y se puso a leerlo.
*He picked up the newspaper and
    began to read it.*

Cogió la pluma y firmó el contrato.
*She took up her pen and signed the
    contract.*

El guardia me cogió del brazo y me
    paró.
*The policeman caught hold of my
    arm and stopped me.*

COJEAR

Ese chico cojea.
That boy walks with a limp.

El perro cojeaba de una pata.
The dog was lame in one leg.

COJO

John es cojo.
John walks with a limp.

COLA

Estuvimos en la cola durante horas.
We queued for hours.

Hicieron cola para entrar en el teatro.
*They queued up to go into the
    theatre.*

Colóquese en la cola.
*Take your place at the back of the
    queue.*

Hay una cola en la parada de
    autobús.
*There's a queue of people at the
    bus-stop.*

COLGAR

Cuelga el abrigo en aquella percha.
*Hang up your coat on that hook. /
    Hang your coat up on that hook.*

Cuelga la chaqueta en el respaldo
    de aquella silla.
*Hang your jacket over the back of
    that chair.*

Los cuadros colgaban de las
    paredes.
*The pictures were hung on the walls.
    / The pictures were hanging on
    the walls.*

Lo siento pero debo colgar; están
    llamando a la puerta.

*I'm sorry but I must hang up;
somebody is knocking at the
door.*

No cuelgue, por favor.
*Hold the line, please. / Hold on a
moment, please.*

COLMO

Eres el colmo de la pereza.
You're the very limit for laziness.

COLOR

¿De qué color es esto?
What colour is this?

¿De qué color tiene ella los ojos?
What colour are her eyes?

Este vestido tiene un color muy
bonito.
This dress is a very pretty colour.

Estos zapatos tienen un color muy
bonito.
These shoes are a very pretty colour.

Tu vestido es del mismo color que el
mío.
*Your dress is the same colour as
mine.*

Es de color azul.
It is blue in colour.

Es de un color oscuro.
It is dark in colour.

Cambió de color.
It changed colour.

Los elefantes son de un color gris.
Elephants are a dark grey colour.

La cubierta del libro era de color
chocolate.
*The book cover was a chocolate
colour.*

COLORES

Estos sombreros son de colores
diferentes, pero del mismo
tamaño.
*These hats are different colours, but
the same size.*

COLORADO

El pobre chico se puso muy
colorado.
*The poor boy became quite red in
the face.*

COLUMPIOS

Vamos a subir a los columpios.
Let's go on the swings.

COMBINAR

Pude encontrar un sombrero que
combinara con mi vestido.
*I succeeded in finding a hat to go
with my dress.*

COMENZAR

Comencemos por el principio.
Let's begin at the beginning.

COMER

Salgo a comer.
*I'm going out to lunch. / I'm going out
for my lunch. / I'm going out for
lunch.*

Dio de comer a las gallinas.
She fed the hens.

De camino a casa, nos paramos a
comer en una taberna.

We stopped for a meal at a pub on the way home.

¿Por qué no te quedas a comer?
Why don't you stay to lunch?

No he comido nada desde el desayuno.
I haven't had anything to eat since breakfast.

Generalmente van a casa a comer.
They usually go home for lunch.

Dio de comer al niño.
She fed the child.

Tiene mucha hambre porque no ha comido nada en dos días.
He's very hungry because he has had no food for two days.

Después de comer, leyó el periódico.
After lunch, he read the paper.

COMERSE

Se comió toda la comida.
He ate up all the food.

Cómetelo todo.
Eat everything up. / Eat it all up.

Se comió todo el desayuno.
He ate up his breakfast.

COMIDA

Ella ha ido a comprar la comida.
She has gone shopping for food.

¿Has hecho la comida?
Have you cooked the meal?

Debes tener hambre. Haré la comida.

You must be hungry. I'll make lunch.

COMIENZO

Empezaré desde el comienzo de la página.
I'll begin at the top of the page.

COMO

Hazlo como te dicen.
Do it as you're told.

Cuida de él como si fuera tu propio hijo.
Look after him as if he were your own son.

El es un chico como tú.
He is a boy like you.

Esto es como patinar sobre hielo.
This is like skating on ice.

¿Cómo es tu hermano?
What's your brother like?

¿Cómo está tu hermano?
How's your brother?

¿Cómo se dice "libro" en inglés?
What's the English word for book?

Como quieras.
Just as you like.

Debe de ser española, como yo.
She must be Spanish, like me.

Llevábamos como una hora de camino cuando él habló.
We had been going about an hour when he spoke.

Hazlo como siempre se hace.
Do it in the ordinary way.

Reconocí la voz como la de Jack.
I recognized the voice as Jack's.

Habla como si supiera todo.
He speaks as if he knew everything.

Esta flor parece como si se
marchitara.
This flower looks as if it's dying.

COMODIDADES

Vive con toda clase de
comodidades.
He lives in great comfort.

COMODO

Póngase cómodo.
Make yourself comfortable.

COMPADECERSE

Cuando me sentía desgraciado
nadie se compadeció de mí.
*When I was miserable no one had
any sympathy for me.*

COMPAÑIA

La compañía inglesa está
representando "Measure for
Measure" ahora.
*The English company is playing
"Measure for Measure" now.*

Una persona que cuenta tales
historias no es buena compañía.
*A person who tells such stories is not
very good company.*

COMPARACION

Esta novela no tiene comparación
con la que leí el mes pasado.
*This novel is nothing to the one I
read last month.*

COMPARADO

Comparado contigo, él es rico.
Compared to you, he's a rich man.

COMPLETAMENTE

Dejé la ventana completamente
abierta.
I left the window wide open.

Cuando Danny se despertó
completamente estaba en el
suelo al lado de la cama.
*When Danny woke fully he was on
the floor by the bed.*

COMPLETO

Escriba su nombre completo.
Write your name in full.

COMPONER

Ella compuso un verso sobre el mar.
She made up a poem about the sea.

COMPORTARSE

Se comportó como un chiquillo.
He acted like a child.

A veces Bruce se comporta como un
loco.
*Bruce sometimes acts like a
madman.*

Esa no es manera de comportarse.
That's no way to behave.

COMPRA

Voy al mercado a hacer la compra.
*I'm going to the market to do some
shopping.*

Ella hace la compra dos veces por
semana.
She does the shopping twice a week.

COMPRAR

¿A quién le compraste esta bicicleta?
Who did you buy this bicycle from?

Le compré esta bicicleta a mi tío.
I bought this bicycle from my uncle.

Le compré una revista.
I bought him a magazine. / I bought a magazine for him.

Compré este jersey en esa tienda.
I bought this jersey at that shop.

Quiero comprar a mi hija un espejo para su santo.
I want to buy my daughter a mirror for her name day.

Mi mujer me dijo que le comprara jabón.
My wife told me to get her some soap.

Compré esta lata en la tienda del pueblo.
I bought this tin from the village store.

COMPRAS

Tengo algunas compras que hacer.
I've got some shopping to do.

Voy de compras.
I'm going shopping. / I'm going out to the shops.

COMPROBAR

Haga el favor de comprobar estas fechas.
Please check up on these dates.

COMUNICACION

Se ha cortado la comunicación.
The line's gone dead.

COMUNICADAS

Estas ciudades están bien comunicadas.
There are good connections between these towns.

COMUNICANDO

Está comunicando (el teléfono).
The line is engaged.

COMUNICAR

Comunícanoslo lo antes posible.
Let us know as soon as possible.

CON

Vi a una chica con pendientes de plata.
I saw a girl with silver earrings.

Nadie pudo dormir con ese ruido.
Nobody could sleep through that noise.

Ella se hizo un corte en el pie con un cristal.
She cut her foot on a piece of broken glass.

El libro está ilustrado con muchas fotografías.
The book is illustrated with a lot of photographs.

No puedo andar con estos zapatos.
I cannot walk in these shoes.

No puedo ir al teatro con este vestido.
I can't go to the theatre in this dress.

Uno de ellos era gordo, con bigote.
*One of them was fat, with a
moustache.*

Le confundí con Michael.
I mistook him for Michael.

¿Podríamos casarnos con ese
sueldo?
Could we get married on that salary?

¿Quién es ese individuo con gafas
oscuras?
Who's that fellow in dark glasses?

Siempre me lavo las manos con
agua caliente.
*I always wash my hands in hot
water.*

Me caso mañana. -¿Con quién?
*I'm getting married tomorrow.
-Who to?*

Quiero hablar con el jefe unos
minutos.
*I want to speak to the boss for a few
moments.*

CONCENTRARSE

No podía concentrarme.
I couldn't concentrate.

Concéntrate en esta palabra.
Concentrate on this word.

CONCERNIR

Esta orden no te concierne a ti.
This order doesn't apply to you.

Es un asunto que no te concierne.
It's none of your business.

Esto no me concierne.
This is no business of mine.

CONDUCIR

Hay una puerta que conduce al
comedor.
*There is a door leading to the dining-
room.*

Me condujo al comedor.
He led me into the dining-room.

Conducíamos a 50 millas por hora.
We drove at 50 miles an hour.

¿Sabes conducir?
Can you drive a car?

Una cosa conduce a otra.
One thing leads to another.

CONEXION

Devolvemos la conexión a nuestros
estudios.
We are returning you to the studio.

CONFESAR

¡Confiésalo!
Own up!

Confesó haber robado el dinero.
*He owned up to having stolen the
money.*

CONFESARSE

Samuel se confesó culpable.
Samuel admitted to being guilty.

CONFIAR

Me confió el dinero.
He trusted me with the money.

Me confiaron el dinero.
I was entrusted with the money.

Confío en que esta mejoría continúe.
I trust this improvement may continue.

¿Podemos confiar en él para que lleve el dinero?
Can we trust him to carry the money?

Puedes confiar en mí.
You can rely on me.

Es un hombre en quien se puede confiar.
He's a man to trust.

CONFUNDIR

Muchos estudiantes confunden "house" con "home".
Many students mistake "house" for "home".

Lo confundí con un perro.
I mistook it for a dog.

Confundí la carretera.
I took the wrong road.

El chico confunde las cosas fácilmente.
The boy confuses things easily.

Creo que la confundes con otra.
I think you're mixing her up with someone else.

Le confundí con Joe.
I mistook him for Joe.

CONFUNDIRSE

Siempre se confunde con las palabras "house" y "home".
She always confuses the words "house" and "home".

Te confundirás si no tienes cuidado.
You'll get confused if you are not careful.

CONOCER

Se la conoce por "Lola".
She goes by the name of "Lola".

Mucho gusto en conocerle.
Very pleasant to meet you. / Very glad to meet you. / Nice meeting you.

¿Cuándo la conocieron?
When did they make her acquaintance?

La conozco de vista, pero no por el nombre.
I know her by sight, but not by name.

¿Conoce a Mr Wilson? (al ir a ser presentado).
Have you met Mr Wilson?

Los íntimos le conocían por Tim.
He was known as Tim to his intimates.

No conocen el camino a la catedral.
They don't know the way to the cathedral.

David es amigo nuestro. ¿Le conoces?
David is a friend of ours. Are you acquainted with him?

CONOCERSE

Sólo hace unos pocos días que nos conocemos.
We've only known each other a few days.

¿Nos conocemos?
Do we know each other?

CONOCIMIENTO

Ha llegado a mi conocimiento que es
un estafador.
*It has come to my knowledge that
he's a fraud.*

CONOCIMIENTOS

Tiene conocimientos de español.
*He has some acquaintance with
Spanish.*

Tiene buenos conocimientos del
idioma.
*He has a good knowledge of the
language.*

CONSEGUIR

¡Lo conseguimos!
We made it! / We did it!

Consiguió aprobar el examen.
*He managed to pass the
examination.*

CONSEJO

Voy a darte un consejo.
*I'm going to give you a piece of
advice.*

Seguiré tu consejo.
*I'll take your advice. / I'll follow your
advice.*

Estudié inglés siguiendo el consejo
de mi hermano.
*I studied English on my brother's
advice.*

Te daré un consejo: No fumes tanto.
*My advice to you is this: Don't smoke
so much.*

No necesito ningún consejo, gracias.
I don't need any advice, thank you.

¿Podrías darme algún consejo sobre
mi elección?
*Could you give me some advice
about my choice?*

CONSENTIR

Consintieron en venir.
They agreed to come.

¡No consentiré peleas aquí!
I'll have no fighting here!

CONSERVARSE

La comida se conservará en el
frigorífico.
The food will keep in the fridge.

¿Se conservará este pescado
durante el fin de semana?
*Will this fish keep over the week-
end?*

CONSIDERACION

Debes tomarlo en consideración.
You must take it into account.

CONSIDERAR

Todos los estudiantes le
consideraban un amigo.
*All the students looked on him as a
friend.*

CONSTERNADO

Descubrí consternado que ella no
entendía el español.
*I discovered to my dismay that she
couldn't understand Spanish.*

CONTACTO

Mantente en contacto con nosotros.
Keep in touch with us.

No estamos en contacto.
We've got out of touch.

Hemos perdido el contacto con los Brown.
We've lost touch with the Browns.

Estableceré contacto con ustedes el mes que viene.
I'll contact you next month.

CONTADO

Dicen que venden sólo al contado.
They say they sell goods for cash only.

CONTADOS

Tenía los días contados.
His days were numbered.

CONTAGIAR

Me has contagiado este resfriado.
I've caught this cold from you.

CONTAR

Eso es lo que cuenta.
That's what counts.

Contó la historia a los chicos.
He told the story to the children. / He told the children the story.

Cuéntamelo todo.
Tell me all about it.

Siempre puedes contar conmigo.
You can always count on me.

Contemos del uno al diez.
Let's count from one to ten.

Abre los ojos al contar tres.
Open your eyes on the count of three.

Sé una historia divertida; ¿te la cuento?
I know a funny story; shall I tell it to you?

Este libro cuenta las aventuras de un gatito.
This book tells of the adventures of a kitten.

La comida cuesta 30 libras, sin contar el vino.
Dinner is 30 pounds excluding wine.

CONTENER

Los guardias contenían a la gente.
The policemen kept the people back.

Esta botella contiene vino.
This bottle contains wine.

El chico contuvo la respiración un minuto.
The boy held his breath for a minute.

CONTENTAR

Es bastante difícil contentar a todo el mundo.
It's rather difficult to please everyone.

CONTENTO

¡Qué contento estoy de verte!
I'm so happy to see you! / I'm so glad to see you!

¿Estás contento de vivir en tu nueva casa?
Are you glad that you're living in your new house?

El está contento de tener trabajo en una tienda.
He's pleased to have work in a shop.

CONTESTAR

El teléfono suena. -Yo contestaré.
The telephone is ringing.
*   -I'll answer it.*

Te telefoneé cientos de veces pero
    nadie contestó.
I telephoned you hundreds of times
*   but there was no reply.*

CONTINUAR

No podemos continuar así.
We can't go on like this.

El continuó trabajando.
He continued working. / He went on
*   working.*

CONTRA

¿Estás a favor o en contra?
Are you for or against it?

Estoy totalmente en contra.
I'm all against it.

Cinco votos a favor, dos en contra y
    dos abstenciones.
Five votes for, two against and two
*   abstentions.*

Ayer chocó contra una farola.
He drove his car into a lamp-post
*   yesterday.*

CONTRARIO

El hizo lo contrario.
He did the opposite.

Tú no tienes nada que hacer esta
    mañana; yo, por el contrario,
    tengo que escribir cinco cartas.
You have nothing to do this morning;
*   I, on the other hand, have got to*
*   write five letters.*

Es justamente lo contrario.
It's exactly the other way round.

CONTROLARSE

Contrólese.
Pull yourself together.

CONVENIR

¿Te conviene?
Will that suit you?

CONVERTIR

Convirtieron el palacio en museo.
The palace was converted into a
*   museum.*

CONVERTIRSE

La bruja se convirtió en una lechuza.
The witch changed into an owl.

Ella se convirtió en mujer.
She grew into a woman.

Ella se convirtió en una joven muy
    guapa.
She grew into a very pretty young
*   woman.*

Este metal se convertirá en moneda.
This metal will be turned into money.
*   / This metal will be made into*
*   money.*

El agua se convirtió en hielo.
The water changed into ice.

COPIAR

Lo copió de un libro.
He copied it out of a book.

Copiad eso del encerado.
Copy that from the blackboard.

CORREO

¿Hay correo para mí?
Is there any mail for me?

Había una carta para mí en el correo
de la mañana.
I had a letter by the morning post.

Recibí la respuesta a vuelta de
correo.
*I received the answer by return of
post.*

Voy a echar una carta al correo.
I'm going to post a letter.

CORRER

Echó a correr escaleras abajo.
He dashed off down the stairs.

Déjalo correr.
Let it pass.

Corrió a la parada del autobús.
He hurried to the bus-stop.

No hay por qué correr.
There's no need to hurry.

No corras; hay tiempo de sobra.
Don't hurry; there's plenty of time.

Vamos allí corriendo.
Let's hurry there.

Entró corriendo en la habitación.
He rushed into the room.

Salió corriendo de la habitación.
He rushed out of the room.

CORRERSE

Córrete, por favor.
Move over, please.

Córrete un poco y déjame sentarme.
Move up a little and let me sit down.

Este color se correrá al lavarlo.
This colour will run in the wash.

CORRIENTE

Esta no es una pluma corriente.
This is no ordinary pen.

Tenemos que llevarle la corriente.
We have to humour him.

CORROER

El ácido ha corroído la madera.
The acid has bitten into the wood.

CORTAR

Corta las rebanadas finas.
Cut the slices thin.

Córtese por la línea de puntos.
Cut on the dotted line.

Córtame un trozo de pan.
*Cut a piece of bread for me. / Cut me
a piece of bread.*

Cortaron aquellos árboles.
They cut those trees down.

Córtalo en dos.
Cut it in two.

Cortó la carne en pedacitos.
He cut the meat into small pieces.

Tendremos que cortar esas ramas.
*We'll have to chop off those
branches.*

CORTARSE

Me he cortado un dedo.
I've cut my finger.

Me corto el pelo una vez al mes.
I have my hair cut once a month.

CORTES

Ella debería ser más cortés con los huéspedes.
She should be more polite to her guests.

CORTINA

Debería haber una cortina en la ventana.
There should be a curtain at the window.

COSA

Cualquier cosa vale.
Anything will do.

La única cosa que le interesa es ver la televisión.
The only thing that interests her is watching television.

El debería tomar la cosa en serio.
He should take the matter seriously.

COSER

¿Quieres coserme este botón?
Will you sew this button on for me?

¿Quieres coserme el agujero del pantalón?
Will you sew up the hole in my trousers?

Liz estaba cosiendo en su máquina.
Liz was sewing at her machine.

COSTA

Barcelona está en la costa.
Barcelona is on the coast.

Este país está en la costa este de Africa.
This country is on the east coast of Africa.

Tienen una casa en la costa.
They have a house at the seaside.

COSTAR

¡Esto te costará caro!
I'll make you pay for this!

Cuesta trabajo hacerlo.
It takes some doing.

¿Tiene usted un reloj que no cueste tanto?
Have you got a watch which is not so expensive?

COSTUMBRE

El lo hace por costumbre.
He does it from habit.

Se convirtió en una costumbre.
It became a habit. / It grew into a habit.

Cogió la costumbre de fumar un cigarrillo después de comer.
He fell into the habit of smoking a cigarette after lunch.

La niña tiene la mala costumbre de gritar.
The little girl has the bad habit of shouting.

Ayer vino a casa más tarde que de costumbre.
Yesterday he came home later than usual.

CREAR

No creará dificultades a nadie.
It will present no difficulties to anybody.

CRECER

Las naranjas crecen en los árboles.
Oranges grow on trees.

¡Cuánto has crecido!
How tall you've grown!

Le está creciendo el pelo mucho.
Her hair is getting very long.

CREER

Eso no hay quien se lo crea.
You can't get me to believe that.

Créeme.
Take my word for it.

El cree en los fantasmas.
He believes in ghosts.

Es difícil de creer.
I find it hard to believe.

Si uno ha de creer todo lo que le dicen.
If one is to believe all one is told.

Tanto si lo crees como si no.
Believe it or not.

No creo ni una palabra de eso.
I don't believe a word of it.

CREMALLERA

¿Puedes abrocharme la cremallera del vestido?
Can you zip up this dress for me?

La chica abrió la cremallera del bolso y sacó un bolígrafo.
The girl unzipped her bag and took out a ballpoint pen.

CRIAR

Ellos crían pavos.
They rear turkeys.

He criado a este perro desde que era un cachorro.
I've raised this dog from a puppy.

Mi abuela crió a siete hijos.
My grandmother brought up seven children.

CRUEL

El es cruel con ella.
He is unkind to her.

CRUZ

Echémoslo a cara o cruz.
Let's toss for it. / Let's toss up for it.

CRUZAR

Cruzaremos el río por este puente.
We'll cross the river by this bridge.

Cruzaremos el arroyo de un salto.
We'll jump over the stream.

John cruzó el río a nado.
John swam across the river.

Crucemos la calzada.
Let's cross over the road.

Cruza los dedos para que tu primo apruebe el examen.
Cross your fingers that your cousin passes his examination.

CUAL

¿Cuál de estos muchachos es Pete?
Which of these boys is Pete?

Cuando ella telefonea, lo cual no es frecuente, nos ponemos muy contentos.
When she telephones, which is not often, we're very happy.

¿Cuál es tu número de teléfono?
What's your telephone number?

¿Cuál es tu nombre?
What's your name?

CUALES

Dime: ¿Cuáles son los meses de invierno?
Tell me: Which are the winter months?

CUALQUIER

Cualquier color vale.
Any colour will do.

Pueden venir en cualquier momento.
They may come at any time.

CUALQUIERA

¿Cuál de estos dos lápices quieres? – Cualquiera (de los dos).
Which of these pencils do you want? – Either one.

¿Cuál de estos tres lápices quieres? – Cualquiera (de los tres).
Which of these three pencils do you want? – Any one.

CUANDO

Fue en el año 1998 cuando los vi.
It was in 1998 that I saw them.

Es hoy cuando llega Charles, ¿no?
It's today that Charles is arriving, isn't it?

Tomé el autobús cuando se marchaba.
I caught the bus as it was leaving.

Ven cuando gustes.
Come whenever you please.

Una de sus mayores diversiones cuando era niño era ir al parque de atracciones.
One of his greatest joys as a child was going to the amusement park.

¿Desde cuándo está enfermo?
Since when has he been ill?

CUANTO

Cuanto más corran, antes llegarán a la estación.
The quicker they run, the sooner they will get to the station.

Cuanto más tiene, más quiere.
The more he has, the more he wants.

Ven en cuanto puedas.
Come as soon as you can.

En cuanto vio el agua se tiró.
The moment he saw the water he jumped into it.

En cuanto llegó, empezó a trabajar.
He had no sooner arrived than he began to work.

¿Cuánto tardarás en escribirlo?
How long will it take you to write it?

¿Sabes cuánto gana un profesor?
Do you know how much a teacher earns?

¿Cuánto es una docena de naranjas?
How much are oranges a dozen?

¿Cuánto cuesta un kilo de ese pescado?
How much a kilo is that fish?

¡Cuánto comen!
What a lot they eat!

CUANTOS

¡Cuántos extranjeros hay en Londres!
What a lot of foreigners there are in London!

¿Cuántos extranjeros hay en Londres?
How many foreigners are there in London?

CUENTA

Déjalo de mi cuenta.
Leave it to me.

¿Puedes dar cuenta del dinero que has gastado?
Can you account for the money you've spent?

Aún no he echado la cuenta.
I haven't worked it out yet.

¿Quiere usted hacerme la cuenta?
Will you make out my bill?

Deme 20 libras a cuenta.
Give me £20 on account.

La comida corre de mi cuenta.
The lunch is on me.

CUERDA

Ve a buscar una cuerda fuerte.
Go and fetch some strong rope.

¿Tienes una cuerda?
Have you a piece of string?

El violín es un instrumento de cuerda.
The violin is a string instrument.

Olvidé darle cuerda.
I forgot to wind it up.

CUIDADO

¡Cuidado, no te caigas!
Mind you don't fall! / Take care you don't fall!

¡Cuidado!
Look out!

Cuidado con el perro.
Beware of the dog.

Cuidado con el escalón.
Mind the step.

Ten cuidado, no vayas a perder algo.
Take care you don't lose anything.

Ten cuidado, te vas a caer.
Take care or you'll fall.

Debes tener más cuidado.
You must be more careful.

Mi hermano Robert no pone bastante cuidado.
My brother Robert doesn't take enough care.

Pierde cuidado.
Don't worry.

Ten cuidado con lo que haces.
Be careful what you do.

Me tiene sin cuidado.
I don't care.

Al escribir inglés debes tener
   cuidado con la ortografía.
*When writing English you must take
   care with the spelling.*

Tenga cuidado con no pisar las
   flores.
Mind you don't walk on the flowers.

¡Cuidado! ¡Lo vas a romper!
Mind! You'll break it!

CUIDAR

Cuida del niño mientras estoy fuera.
Look after the baby while I'm gone.

Cuidaré de los niños mientras estáis
   en Londres.
*I'll mind the children while you're in
   London.*

¿Quién cuida de la tienda cuando
   estás en casa?
*Who minds the shop when you're at
   home?*

CUIDARSE

Cuídate.
Take care of yourself.

CULPA

¿Quién tiene la culpa?
Whose fault is it?

Yo tengo toda la culpa.
It's all my fault.

Yo no tengo la culpa.
It isn't my fault.

Fue culpa mía.
It was my fault.

Ellos me echaron la culpa.
They put the blame on me.

Te echo a ti la culpa.
I blame it on you.

Me echó la culpa de perder el dinero.
He blamed me for losing the money.

Me echaron la culpa del accidente.
I was blamed for the accident.

Tú tienes la culpa de esto.
You're to blame for this.

Echame a mí la culpa.
Put the blame on me.

Puedes echarme la culpa.
You can blame me.

El tiene la culpa.
He is to blame.

No le eches la culpa.
Don't blame him.

Dennis tuvo la culpa del accidente.
*Dennis was responsible for the
   accident.*

CULPABLE

Me siento culpable.
I feel guilty about it.

Era culpable de robo.
He was guilty of theft.

CULTIVAR

En Valencia se cultiva arroz.
Valencia grows rice.

Cultivamos tomates en nuestra finca.
We grow tomatoes on our farm.

CULTO

Es muy culto.
He is well educated.

CUMPLEAÑOS

¿Cuándo es tu cumpleaños?
When is your birthday?

¿En qué mes cae tu cumpleaños?
What month is your birthday?

Su cumpleaños es en esa fecha.
Her birthday is on that date.

Escribí a John por su cumpleaños.
I wrote to John on his birthday.

CUMPLIR

Cumpliré veinte años en agosto.
I'll be twenty in August.

Voy a cumplir los treinta.
I'm getting on for thirty.

Pronto va a cumplir los cuarenta.
He's approaching his fortieth birthday.

Que cumplas muchos más.
Many happy returns of the day.

¿Cuántos cumplirá el próximo agosto?
How old will he be next August?

¿Cuántos años tiene tu hija?
-Va a cumplir los quince.
How old is your daughter now?
-She's getting on for fifteen.

CURIOSIDAD

Tengo curiosidad por saber su nombre.
I am curious to know her name.

CURSO

Hoy es el primer día del curso.
Today is the first day of the school year.

CURVA

Ten cuidado; estamos llegando a una curva.
Be careful; we're coming to a bend in the road.

No se debe adelantar en una curva.
You mustn't overtake going round a bend.

D

DADO

El hombre fue dado por muerto.
The man was given up for dead.

No es muy dado a beber cerveza.
He is not much given to drinking beer.

DAÑADO

El coche resultó muy dañado.
The car was badly damaged.

DAÑO

Este pastel te hará daño.
This cake will make you ill.

Me hice daño en una pierna.
I hurt my leg.

Estos zapatos me hacen mucho daño.
These shoes pinch dreadfully.

Estos zapatos me están estrechos; me hacen daño.
These shoes are tight; they hurt my feet.

Este zapato me hace daño.
This shoe is pressing on my foot.

Me caí y me hice daño.
I fell down and got hurt.

Sus palabras me hicieron mucho daño.
His words did me a lot of harm.

¿Te has hecho daño?
Have you hurt yourself?

DAÑOS

El autobús sufrió bastantes daños.
The bus was badly damaged.

DAR

Las ventanas dan al norte.
The windows look north. / The windows look to the north.

Esta habitación da al parque.
This room looks over the park. / This room overlooks the park.

El dormitorio da a la calle.
The bedroom looks onto the street. / The bedroom gives onto the street.

Dale una moneda.
Give him a coin. / Give a coin to him.

Dáselo.
Give it to him.

¿Quieres darme algo de desayunar?
Will you give me some breakfast?

¿Puedes darme un poco de leche?
Could you let me have a drop of milk?

Arthur, da a tu padre el periódico.
Arthur, hand your father the newspaper.

Me acuerdo de un cachete que mi padre me dio.
I remember a mild slap my father gave me.

¿A quién se lo vas a dar?
Who are you going to give it to?

Te doy cinco minutos para que salgas de aquí.
I'm giving you five minutes to get out of here.

Están dando las siete.
It's striking seven. / Seven o'clock is striking.

El reloj está dando las siete.
The clock is striking seven.

Hace tiempo que dieron las siete.
It's long past seven.

El reloj dio la hora.
The clock struck the hour.

La manga dará de sí.
The sleeve will give.

Me dio las buenas noches.
He wished me good night.

Da las buenas noches a papá.
Say good night to daddy.

Me dio los buenos días y se sentó.
He said good morning to me and sat down.

¿Cuánto te dieron por el coche?
How much did you get for the car?

La piedra le dio en la sien y cayó muerto.
The stone caught him right on the temple and he fell down dead.

La piedra no dio al perro.
The stone missed the dog.

Le ha dado por beber vino.
He has taken to drinking wine.

He dado el agua.
I've turned the water on.

Su esposa le dio una bella hija.
His wife bore him a beautiful daughter.

Dan un buen programa por la televisión hoy.
There's a good programme on television today.

DARSE

Se le dan bien las matemáticas.
He's very good at mathematics.

Se le da bien la pintura.
He's good at painting.

No se me da demasiado bien.
I'm not very good at it.

Se le da bien hablar alemán.
He's quite good at speaking German.

La bandeja se dio contra el suelo.
The tray struck the ground.

Me di la cabeza contra la puerta.
I struck my head against the door.

En la oscuridad me di contra la cama.
In the dark I bumped against the bed.

El conductor de este coche se dio contra ese poste de ahí.
The driver of this car hit that post over there.

DE

Aquí es donde yo vivía de niño.
This is where I lived as a small child.

Vi a una chica de veintidós años.
I saw a girl of twenty-two.

He leído una biografía de Charles Dickens.
I've read a biography on Charles Dickens.

Estaba pintado de negro.
It was painted black.

¿Es usted de la policía?
Are you from the police?

El era vecino de Jack.
He was a neighbour of Jack's.

Estoy haciendo una mesa de madera.
I'm making a table out of wood.

Es de madera.
It's made of wood.

¿Es esa camisa de seda?
Is that shirt silk?

Toma algo de comer.
Here's something for you to eat.

Ellos están de vacaciones.
They're on holiday.

Soy el primero de la lista.
I'm the first on the list.

Es ya casi hora de cenar.
It's almost time for dinner.

Estos calcetines son de pura lana.
These socks are pure wool.

Hay un banco cerca del cine.
There's a bank near the cinema.

Estas dos líneas son igual de largas.
These two lines are the same length.

Está basado en un hecho de la vida real.
It's based on an event from real life.

Soy ágil de pies.
I'm agile on my feet.

Trataré de hacerlo.
I'll try and do it.

En 1990 Peter era un niño de dos años.
In 1990 Peter was a child of two (years old). / In 1990 Peter was a two-year old child.

Ella saltaba de alegría.
She jumped for joy.

Ella tartamudeaba de emoción.
She stammered from excitement.

Siete estudiantes de cada diez aprobaron el examen.
Seven students out of ten passed the exam.

Viven de la agricultura.
They live from agriculture.

Es fácil de encontrar.
It's easy to find.

Depende de ti.
It depends on you.

El trabaja de camarero.
He works as a waiter.

Quita esas cosas de la mesa.
Clear those things off the table.

Está sucio de no usarlo.
It's dirty from disuse.

El pagó el dinero de su propio bolsillo.
He paid the money out of his own pocket.

El piano está cubierto de polvo.
The piano is covered with dust.

Me gusta el reloj de 20 libras.

I like the watch for £20.

Ha llegado el momento de actuar.
The time has come for action.

Ella está de visita en Barcelona.
She's on a visit to Barcelona.

¿Vive él de vender coches?
Does he make a living selling cars?

Tengo una foto de mi hijo David en
　la cartera.
*I have a picture of my son David in
　my wallet.*

Aquí se vende ropa de hombre y de
　mujer.
*They sell men's and women's
　clothing here.*

El ruso es difícil de pronunciar.
Russian is difficult to pronounce.

Conocía a una chica de ojos azules.
I knew a girl with blue eyes.

La felicidad no es una cosa fácil de
　encontrar.
*Happiness is not an easy thing to
　find.*

Aquí hay gente de todas las
　nacionalidades.
*Here there are people of all
　nationalities.*

Le haré una camisa de esta tela.
I'll make him a shirt out of this cloth.

Soy un amigo del Doctor Wilson.
I'm a friend of Doctor Wilson's.

DE QUE

¿De qué nacionalidad es usted?
What nationality are you?

¿De qué país procedes?
What country do you come from?

¿De qué color es este vestido?
What colour is this dress?

¿De qué está hecho esto?
　– Está hecho de cristal.
*What's this made of?
　– It's made of glass.*

¿De qué estás hablando?
What are you talking about?

DE QUIEN

¿De quién es hijo John?
Whose son is John?

DEBAJO

Firme debajo de esta línea.
Sign below this line.

Los polluelos se metieron debajo de
　la gallina.
The chicks got under the hen.

No aceptamos ninguna oferta por
　debajo de 3.000 libras.
*We won't accept any offer below
　£3,000.*

DEBER

Debo mucho a John.
I owe much to John.

Te lo debo todo a ti.
I owe everything to you.

Me debes 20 libras.
You owe me £20.

Debo 2 libras a Martín.
I owe Martin £2. / I owe £2 to Martin.

Le debo dos lecciones.
I owe you for two lessons.

Me pagó el dinero que me debía.
*He paid me the money that he owed
     me.*

Le dije que debía ir.
I told her that she must go.

Dije que debías hacerlo.
I said you must do it.

DEBIDO

Llegó tarde debido a un accidente.
He arrived late owing to an accident.

DEBUTAR

Debutó en 1993.
*He made his first appearance in
     1993.*

DECIDIR

Decidí hacerlo.
I decided to do it. / I chose to do it.

Tú tienes que decidirlo por ti mismo.
*It's entirely for you to decide. / You
     must decide for yourself.*

DECIDIRSE

Se decidió que Lewis fuera a la
     escuela.
*It was decided that Lewis should go
     to school.*

¿Te has decidido ya?
Have you made up your mind yet?

Se decidió por esta corbata.
He decided on this tie.

Por fin me decidí.
I made up my mind at last.

Decídete a quedarte con nosotros.
Make up your mind to stay with us.

Acaba de decidirse.
She's just made up her mind.

DECIR

¡Y que lo digas!
You may say that!

Mucho gusto en conocerle.
     -Lo mismo digo.
*I'm very pleased to meet you.
     -Likewise.*

Eso es lo que se dice.
So they say.

No supo qué decir.
Words failed him.

Dile adiós.
Say goodbye to him.

Di buenas noches a Jorge.
Say good night to George.

¿Lo dices por mí?
Is your remark aimed at me?

Su carta dice lo siguiente.
His letter runs as follows.

¿Qué quieres decir con eso?
What do you mean by that?

Que diga lo que quiera.
Let him say what he likes.

¿Se lo has dicho a alguien?
Have you told anyone about it?

No le digas nada.
Don't say a word to her.

No he dicho nada a nadie.
I haven't said a word to anyone.

¿Cómo se dice "bolígrafo" en inglés?
What is the word for "bolígrafo" in English? / What's "bolígrafo" in English?

Dijo para sí.
He said to himself. / He told himself.

No dijo nada.
He kept silent.

Hay una canción que dice: Baah, baah, black sheep.
There's a song that goes: Baah, baah, black sheep.

Mr Roberts no sabía qué decir.
Mr Roberts was at a loss for words.

¡Haz lo que digo!
Do as I say!

¿Qué es lo que dices?
What's that you say?

Di estas palabras.
Say these words.

No hay nada más que decir.
There's nothing more to be said.

DECLARARSE

Se declaró un incendio en una tienda anoche.
Fire broke out in a shop last night.

El se declaró a ella.
He proposed to her.

DEDICAR

Laura dedica todo el tiempo a coleccionar sellos.
Laura devotes all her time to stamp-collecting.

El dedica mucho tiempo a estudiar inglés.
He devotes a lot of time to studying English.

Dedicó el libro a sus padres.
He dedicated the book to his parents.

El dedica su tiempo libre al arte y a la literatura.
He devotes his leisure to art and literature.

DEDICARSE

¿A qué se dedica usted?
What's your occupation? / What do you do for a living?

¿A qué te dedicas? – Soy profesor.
What do you do? – I'm a teacher.

Los fines de semana me dedico a la pesca.
At weekends I spend my time fishing.

DEDO

Mi hermana Molly lleva un anillo en el dedo.
My sister Molly has a ring on her finger.

Nunca levantará un dedo para ayudarles.
He'll never raise a finger to help them. / He'll never lift a finger to help them.

DEDUCIR

¿Qué deduces de esto?
What do you make out of this?

DEFENDERSE

Me defiendo en inglés.
*I have a working knowledge of
    English.*

DEJAR

La radio dejó de oírse.
The radio went dead.

Deja de hablar.
Stop talking.

No dejes las cosas tiradas.
Don't leave things lying about.

No dejes de intentarlo.
Keep on trying.

Déjalo (no lo toques).
Leave it alone. / Let it alone.

Dejó el libro en la mesa.
She put the book down on the table.

Deja algo para Ann.
*Leave something for Ann. / Leave
    Ann something.*

Debes dejar de fumar.
You must give up smoking.

Déjame entrar.
Let me in.

Déjame salir.
Let me out.

Déjame marchar.
Let me go.

Déjaselo al portero.
Leave it with the porter (ej. un
    paquete). */ Leave it to the porter*
    (él lo resolverá).

No me dejes solo.
Don't leave me on my own.

Déjalo como está.
Leave it as it is.

Déjalo para mañana.
Leave it until tomorrow.

El perro no dejó de ladrar hasta las
    dos.
*The dog didn't leave off barking until
    two o'clock.*

Dejé la química porque no me
    gustaba.
*I gave up chemistry because I didn't
    like it.*

No te dejes nada en el asiento.
*Don't leave anything behind on the
    seat.*

¿Puedes dejarme diez dólares?
Can you let me have ten dollars?

Dejaron al perro que corriera.
The dog was allowed to run free.

No dejes la puerta abierta.
Don't leave the door open.

No pude dejar de toser.
I couldn't keep from coughing.

¿Me dejas tu pluma?
Can I borrow your pen?

He dejado el sombrero en casa.

I've left my hat at home.

El teléfono no deja de llamar en todo el día.
The telephone never stops ringing all day. / The telephone rings all day long.

DELANTAL

Llevaba un delantal encima del vestido.
She had an apron over her dress.

DELANTE

Hay una puerta en la parte de delante de la casa.
There is a door at the front of the house.

Hay un jardín delante de la casa.
There's a garden in front of the house.

Me senté en la parte de delante del autobús.
I sat in the front of the bus.

Aileen pasa mucho tiempo delante del espejo.
Aileen spends a lot of time in front of the mirror.

Ve delante; yo te sigo.
Lead on; I'll follow you.

DEMASIADO

Eso llevará demasiado tiempo.
That'll take too long.

No debes llenar el vaso demasiado.
You mustn't fill the glass too full.

Este trabajo era demasiado aburrido para él.

This work was much too boring for him.

DEMORA

Hazlo sin demora.
Do it straight away.

DEMOSTRAR

Te lo demostraré.
I'll prove it to you.

DENTRO

Me gustaría verlo por dentro.
I'd like to see inside it.

Dentro de diez años tendrá sesenta.
In ten years she'll be sixty.

Dentro de media hora estaré en casa.
Half an hour from now I shall be at home.

Estará aquí dentro de un minuto.
He'll be here in a minute.

DEPENDER

De ti depende.
It depends on you. / It's up to you.

Eso depende de cuando quieras ir.
That depends on when you want to go.

Todo depende de tu decisión.
Everything hangs upon your decision. / It all hangs upon your decision.

Depende de si ellos quieren o no ir al extranjero.
It depends on whether they want to go abroad or not.

Mis ingresos dependen de lo que
vendo.
My living depends on what I sell.

DEPRISA

No puedo ir más deprisa.
I can't go any faster.

Bajó deprisa a desayunar.
He hurried down to breakfast.

¡Deprisa!
Quick!

Vamos a casa deprisa.
Let's hurry home.

DERECHA

Circule por la derecha.
Keep to the right. / Keep right.

Estaba sentado a la derecha del
presidente.
*He was sitting to the right of the
chairman. / He was sitting on the
chairman's right.*

Gire a la derecha.
Turn to the right.

El río está a la derecha.
The river is on the right.

DERECHO

No tienes ningún derecho a hacerlo.
You have no right to do that.

Tengo derecho a hacerlo.
I have a right to do that.

Siga derecho.
Keep straight on.

Ponte derecho.

Stand up straight.

El niño se fue derecho a la cama.
The child went straight to bed.

Ve derecho hasta llegar a la fuente.
*Go straight on until you get to the
fountain.*

DERRAMAR

No derrames el vino en la alfombra.
*Don't spill the wine all over the
carpet.*

DERRETIRSE

El hielo se está derritiendo.
The ice is melting away.

DERRIBAR

Derribó al hombre de un puñetazo.
He floored the man with a punch.

Derribaron la casa.
They levelled the house.

DERRUMBARSE

El edificio se derrumbó anoche.
The building fell down last night.

DESABROCHARSE

Desabróchate el abrigo.
Unfasten your coat.

DESAFIAR

Ha desafiado a la muerte muchas
veces.
He has defied death many times.

Te desafío a nadar hasta esa roca.
I dare you to swim to that rock.

DESAGRADAR

¿Qué es lo que te desagrada de él?
What do you dislike about him?

DESANIMARSE

No te desanimes.
Don't be discouraged.

Se desanimó.
He got downhearted. / He lost heart.

DESARMAR

He desarmado el reloj.
I've taken the watch to pieces.

DESARREGLADO

Tengo el pelo un poco desarreglado.
My hair is in a bit of a mess.

DESATARSE

Se te ha desatado el cordón del
    zapato.
*Your shoe-lace has come undone. /
    Your shoe-lace wants doing up.*

Se desató la tempestad.
The storm broke.

DESAYUNAR

Siempre tomo café con leche para
    desayunar.
*I always have white coffee for
    breakfast.*

Siempre desayuna a las nueve.
*He always eats breakfast at nine. /
    He always has breakfast at nine.*

¿Por qué no desayunaste?
Why didn't you have any breakfast?

Tom no desayunó.
Tom ate nothing for breakfast.

DESCALZO

No andes descalzo por aquí.
Don't walk around here in bare feet.

Quítate los zapatos. Podemos andar
    descalzos por la arena.
*Take off your shoes. We can walk
    barefoot on the sand.*

DESCANSAR

Vamos a descansar.
Let's take a break.

DESCARRILAR

El tren descarriló.
The train ran off the rails.

DESCOLGAR

Descuelga el abrigo.
*Take down your coat. / Take your
    coat down.*

Ella descolgó el teléfono.
*She picked up the receiver. / She
    lifted the receiver.*

DESCONCERTAR

Me desconciertas.
You're a puzzle to me.

DESCONFIAR

¿Por qué desconfías tanto de mí?
Why do you mistrust me so much?

Desconfíe de las imitaciones.
Beware of imitations.

DESCORRER

Mi tia Dorothy descorrió una cortina.
*My aunt Dorothy drew a curtain
    aside.*

Ella descorrió el cerrojo y abrió la
    puerta.
*She drew back the bolt and opened
    the door.*

DESCRIBIR

Descríbeme lo que están haciendo.
Describe to me what they are doing.

DESCUENTO

Puedo hacer un descuento del 10%.
I can give 10% discount.

DESDE

Vivo aquí desde hace dos años.
I've lived here for two years.

Vivo aquí desde que tenía quince
años.
*I have lived here since I was fifteen
years old.*

Sarah viene todos los días desde el
comienzo de las clases.
*Sarah has come every day since
(the) classes began.*

Han estado en Madrid desde el
pasado lunes hasta esta tarde.
*They've been in Madrid since
Monday last till this afternoon.*

No ha llovido desde hace una
semana.
It hasn't rained since a week ago.

Desde que nos diste la noticia,
estamos muy tristes.
*Ever since you told us the news,
we've been very sad.*

Desde el momento en que se
empieza el curso se comienza a
hablar en inglés.
*From the moment you begin the
course you start speaking
English.*

Le conozco desde que él era niño.

I have known him from a child.

Y desde aquel día hasta hoy ha sido
siempre un buen marido.
*And from that day to this he's always
been a good husband.*

¿Desde cuándo trabajas para él?
*Since when have you worked for
him?*

Hay estantes desde el techo hasta
el suelo.
*There are bookshelves from the
ceiling to the floor.*

DESEAR

Eso deja mucho que desear.
That leaves much to be desired.

Te deseo un buen viaje.
I wish you a good journey.

Estoy deseándolo.
*I'm longing for it. / I'm looking forward
to it.*

Estoy deseando ver la película.
I'm looking forward to seeing the film.

¿Qué más puedes desear?
What more can you wish for?

Buenos días; ¿qué desea usted? (En
una tienda).
Good morning, sir; may I help you?

Estoy deseando verte pronto otra
vez.
I'm longing to see you again soon.

DESEMBOCAR

El Ebro desemboca en el
Mediterráneo.

*The Ebro flows into the
Mediterranean.*

¿En qué mar desemboca el
Támesis?
*Into what sea does the Thames
flow?*

DESENCAJADO
El marco de la puerta estaba
desencajado.
*The door-frame was out of
alignment.*

DESENTONAR
Alison desentona al cantar.
Alison sings out of tune.

DESENTRENADO
Ahora estoy un poco desentrenado.
I'm a bit out of practice now.

DESESPERACION
Es la desesperación de su profesor.
He is the despair of his teacher.

Pam lloró de desesperación.
Pam wept in despair.

DESGASTADOS
Estos zapatos están desgastados.
These shoes are worn out.

DESGASTAR
Will desgasta los zapatos enseguida.
Will wears out his shoes quickly.

DESHACER
Alice deshizo el paquete.
Alice undid the parcel.

DESMAYADO
El anciano se cayó al suelo
desmayado.

*The old man collapsed to the ground
in a faint.*

DESMAYARSE
Algunas mujeres se desmayaron.
Several women fainted.

Agnes se ha desmayado.
Agnes has passed out.

DESNUDARSE
El médico me dijo que me
desnudara.
The doctor told me to undress.

DESNUDO
El niño estaba desnudo hasta la
cintura.
The little boy was bare to the waist.

DESPEDIR
Iremos a despedirles al aeropuerto.
We'll see them off at the airport.

Despídame de Leo.
Say goodbye to Leo for me.

Le despidieron (del trabajo).
*They fired him. / They gave him the
sack.*

El agua hirviendo despedía vapor.
*The boiling water was giving off
steam.*

Han estado despidiendo a obreros
últimamente.
They've been laying men off lately.

DESPEDIRSE
Emma sonrió y se despidió.
Emma smiled and took her leave.

DESPEINAR
> Estás despeinándome.
> *You're making a mess of my hair.*

DESPERTAR
> No le despiertes.
> *Don't wake him up.*
>
> El ruido despertó al niño.
> *The noise awakened the baby.*
>
> Me despertó el teléfono.
> *I was awakened by the telephone.*
>
> Despiértame a las ocho.
> *Give me a wake-up call at eight.*
>
> ¡Despiértate!
> *Wake up!*

DESPLEGAR
> Desplegó el mapa.
> *He opened out the map.*

DESPREVENIDO
> Me cogió desprevenido.
> *It caught me unawares.*

DESPROPORCIONADO
> El largo estaba desproporcionado
> con el ancho.
> *Its length was out of proportion to its*
> *width.*

DESPUES
> Barcelona es la ciudad más grande
> después de Madrid.
> *Barcelona is the next largest city to*
> *Madrid.*
>
> La mezcla empezó a echar humo y
> después explotó.
> *The mixture began to smoke and*
> *then exploded.*

DESTINADO
> Ralph no estaba destinado al
> matrimonio.
> *Ralph wasn't meant for marriage.*
>
> Estaba destinado a morir joven.
> *He was destined to die young.*
>
> El fue destinado a Madrid.
> *He was posted to Madrid.*

DESVANECERSE
> La música lentamente se
> desvaneció.
> *The music slowly died away.*

DESVENTAJA
> Está en desventaja porque es
> bastante gordo.
> *He's at a disadvantage because he's*
> *rather fat.*

DESVIARSE
> ¿Dónde tenemos que desviarnos
> para tomar la carretera de
> Londres?
> *Where do we have to turn off to take*
> *the London road?*

DESVIVIRSE
> Mi madre se desvivió por mí.
> *My mother did her utmost for me.*

DETESTAR
> Detesto quedarme aquí.
> *I hate to stay here. / I hate staying*
> *here.*

DETRAS
> Dorothy Jones está detrás de
> esto.
> *Dorothy Jones is at the bottom of*
> *this.*

DEVOLVER

¡Devuélveme la bicicleta! (a uno que se escapa con ella).
Hey! Come back with my bike!

Quiero que me devuelvan el dinero.
I want my money back.

Di que te lo devuelvan.
Ask for it back.

Devuélveme la pelota.
Throw the ball back to me.

Se lo devolvió a ella.
He gave it back to her.

Te devolveré el dinero el mes que viene.
I'll pay you back next month.

¿Cuándo me lo devolverán?
When can I have it back?

DIA

¿Qué día es hoy?
What day is it today?

¿Qué día fue ayer?
What day was it yesterday?

¿A qué día estamos?
What day is today?

¿Qué día es mañana?
What day is it tomorrow?

¿Qué día del mes es?
What day of the month is it?

Mañana será otro día.
Tomorrow is another day.

Ven a vernos un día entre semana.
Come and see us on a week-day.

El trabaja noche y día.
He works day and night.

Aquel día nos quedamos en casa.
On that day we stayed at home.

Recuerdo que llegamos a Londres un día nublado.
I remember that we arrived in London on a cloudy day.

Llegarán el día cuatro de noviembre.
They'll arrive on the fourth of November.

El lunes es día de fiesta.
Monday is a holiday.

Partiremos cuando sea de día.
We'll start off at daybreak.

¡Despiértate! Es de día.
Wake up! It's morning.

Hizo sol todo el día.
There was sun all day.

Un día sí y otro no tenemos clase de inglés.
Every other day we have an English class.

DIAS

Ellen va a la oficina cuatro días por semana.
Ellen goes to the office four days a week.

¿Qué días vienen ellos?
On what days do they come?

Vuelve dentro de tres días.
Come back in three days.

DIBUJO

Este es el dibujo de un avión.
This is the picture of a plane.

DIENTES

El niño está echando los dientes.
The child is cutting his teeth.

Le rompieron los dientes.
His teeth were knocked out.

DIETA

Estoy a dieta.
I'm on a diet.

El médico me dijo que debo
ponerme a dieta.
*The doctor told me I must go on a
diet. / The doctor put me on a
diet.*

DIEZ

No merece un diez.
He doesn't deserve a ten.

DIFERENCIA

¡Qué diferencia de la última vez!
How different from last time!

¿Cuál es la diferencia de pronunciación entre "here" y "hair"?
*What's the difference in pronun-
ciation between "here" and
"hair"?*

DIFERENCIARSE

¿En qué se diferencia París de
Madrid?
How does Paris differ from Madrid?

¿En qué se diferenciaba él de su
padre?
*How was he different from his
father?*

¿En qué se diferencia una pluma de
un bolígrafo?
*How is a pen different from a
ballpoint pen?*

DIFERENTE

El inglés es muy diferente del
francés.
English is very different from French.

Este reloj es diferente al tuyo.
This is a different watch from yours.

Estas letras deben escribirse de
forma diferente.
*These letters should be written
differently.*

DIFICULTAD

Hice el trabajo sin dificultad.
I did the work without any difficulty.

No tuve ninguna dificultad en
hacerlo.
I had no difficulty in doing it.

DIGAMOS

Dibuja un círculo, digamos, de cinco
pies de diámetro.
*Draw a circle, say, five feet in
diameter.*

DIMISION

El jefe presentó su dimisión.
The boss gave in his resignation.

DINERO

No tengo bastante dinero en
efectivo.

I haven't got enough cash.

Ganó mucho dinero vendiendo
cuadros.
*He made a lot of money out of selling
pictures.*

Normalmente nos quedamos sin
dinero al terminar las vacaciones.
*We usually run out of money at the
end of the holidays.*

DIOS

¡No lo quiera Dios!
God forbid!

¡Gracias a Dios que estás a salvo!
Thank heaven you're safe!

¡Dios te bendiga!
God bless you!

¡Sabe Dios!
God knows! / Lord knows!

¡Por amor de Dios!
*For Heaven's sake! / For Goodness'
sake! / For God's sake!*

DIRECTAMENTE

Lleva este dinero a Mr Cole y vuelve
directamente.
*Take this money to Mr Cole and
come straight back.*

DIRECTO

Hay un tren directo a Londres.
There's a through train to London.

DISCULPARSE

Me disculpé por haberles hecho
esperar.
*I apologized for keeping them
waiting.*

DISCUSION

Tuvimos una pequeña discusión.
We had a bit of an argument.

Lo aceptarán sin discusión.
They'll accept it without question.

DISCUTIR

Discutí el asunto con Nick.
I talked the matter over with Nick.

DISFRAZADO

Willy iba disfrazado de marinero.
*Willy was dressed up as a sailor. /
Willy was dressed up like a sailor.*

Larry pasó por la puerta disfrazado
de guardia.
*Larry passed through the door
disguised as a policeman.*

DISGUSTADO

Estoy muy disgustado por tu
conducta.
*I'm greatly displeased with your
conduct.*

DISGUSTAR

¿Qué es lo que te disgusta más de
ella?
What do you most dislike about her?

¿Por qué disgustarle?
Why upset him?

DISIMULAR

Disimuló la risa fingiendo toser.
She concealed a chuckle in a cough.

DISMINUIR

Disminuye la velocidad al llegar al
cruce.
*Slow down when you reach the
crossroads.*

DISOLVERSE

La sal se disuelve fácilmente.
Salt dissolves easily.

La reunión se disolvió.
The meeting broke up.

DISPARAR

Le dispararon dos tiros.
They fired two bullets at him.

No deberías disparar a los pájaros.
You should not shoot at birds.

DISPONER

Dispongo de una hora.
I've got an hour.

DISPOSICION

Estamos a su disposición.
We're at your disposal.

DISTANCIA

¿A qué distancia está la fuente más
cercana?
How far is it to the nearest fountain?

¿Qué distancia hay al aeropuerto?
How far is it to the airport?

El aeropuerto está a dos millas de
distancia.
*It's two miles to the airport. / The
airport is two miles away.*

¿Qué distancia hay de Madrid a
París?
How far is it from Madrid to Paris?

El avión cubrió la distancia en cinco
horas.
*The plane covered the distance in
five hours.*

DISTAR

El dista mucho de ser un buen
escritor.
He's far from being a good writer.

DISTINGUIR

¿Distingues una conjunción de un
adverbio?
*Can you tell the difference between a
conjunction and an adverb?*

No distingo entre los dos idiomas.
*I can't tell the difference between the
two languages.*

No distingo uno de otro.
I can't tell one from another.

DISTINGUIRSE

Estas monedas deben de distin-
guirse una de otra.
*These coins should be
distinguishable from one another.*

DISTINTO

Parecen muy distintos.
They look quite different.

Nuestro coche es distinto al vuestro.
Our car is different from yours.

DISTRAIDAMENTE

Ella hojeaba distraídamente el
periódico.
*She was looking casually through the
newspaper.*

DIVERSION

Hago esto por diversión.
I do this for amusement.

DIVERTIDO

Es divertido ver la televisión.
It's fun to look at television.

DIVERTIRSE

¿Qué haces para divertirte?
What do you do for amusement?

Me divertí viéndole.
*I was amused to see him. / I enjoyed
seeing him.*

Andy se divierte jugando con su
avión de juguete.
*Andy amuses himself by playing with
his toy plane.*

Me divertí mucho en la fiesta.
*I enjoyed myself very much at the
party.*

¡Diviértete!
Have a good time!

DIVIDIDO

Seis dividido entre tres es dos.
Six divided by three is two.

El libro está dividido en tres partes.
The book is divided into three parts.

DIVIDIR

Dividió 48 entre 6.
*He divided 48 by 6. / He divided 6
into 48.*

Lo dividió entre los dos chicos.
He divided it between the two boys.

Lo dividió entre los tres chicos.
He divided it among the three boys.

DIVIDIRSE

Se dividen en tres categorías.
They fall into three categories.

DIVORCIARSE

El quiere divorciarse.

*He wants a divorce. / He wants to
get a divorce.*

Helen se divorció de Jack.
Helen divorced Jack.

Se divorciaron hace dos años.
They divorced two years ago.

DIVORCIO

Tu mujer no puede negarte el
divorcio.
Your wife can't refuse you a divorce.

DOBLAR

Helen dobló el papel.
Helen folded the paper over.

Fanny dobló el papel en dos.
Fanny folded the paper in two.

Dobla el papel.
Fold the paper up.

Marian dobló las camisas y las puso
en el cajón.
*Marian folded the shirts and put them
in the drawer.*

Sam dobló la barra de hierro con su
rodilla.
*Sam bent the iron bar across his
knee.*

Robin está doblando ese alambre
para hacer un gancho.
*Robin is bending that wire into a
hook.*

El camión dobló la esquina.
The lorry turned the corner.

El autobús está doblando la esquina.
The bus is coming round the corner.

Piensa en un número y dóblalo.
Think of a number and double it.

DOBLE

El gana el doble que ella.
He earns twice as much as she does.

El hace el doble de faltas que ella.
He makes twice as many mistakes as she does.

Te compraré uno el doble de bueno.
I'll buy you one twice as good.

Esa es una frase con doble significado.
That is a phrase with a double meaning.

Rachel pesa el doble que tú.
Rachel is twice your weight.

Un Mercedes cuesta el doble que un Ford.
A Mercedes costs twice as much as a Ford.

DOLER

Me dolía todo.
I ached all over.

Me duele mucho la cabeza.
My head aches dreadfully.

Me duele mucho el estómago.
I have a bad pain in my stomach.

¿Te duele algo?
Have you got a pain?

Me duelen las muelas.
I've got toothache.

DOLOR

¡Qué dolor!
That hurts!

Ya pasó el dolor.
The pain's all gone.

Eso me dio dolor de cabeza.
That made my head ache.

Grace tuvo muchos dolores toda la mañana.
Grace was in great pain all morning.

El perro aulló de dolor.
The dog howled with pain.

DOMICILIO

Recibí el paquete en mi nuevo domicilio.
I received the parcel at my new address.

DOMINAR

Luke dominó la rabia que tenía.
Luke kept his anger at bay.

Por fin lograron dominar el fuego.
At last they managed to get the fire under control.

DOMINGOS

Jasper tenía puesto el traje de los domingos.
Jasper was in his Sunday best.

Los domingos vamos a pasear.
We go for a walk on Sundays.

DONDE

No sé dónde ir.
I don't know where to go.

¿De dónde eres?
Where are you from? / Where do you come from?

¿Por dónde se fue Horace?
Which way did Horace go?

Aquí es donde se riñó la Batalla de Waterloo.
Here is where the Battle of Waterloo was fought.

DORMIDO

Se quedó dormido.
He went to sleep. / He fell asleep.

Me alegro de que el niño esté dormido.
I'm glad that the baby is asleep.

Estabas totalmente dormido.
You were sound asleep.

DORMIR

Voy a dormir al niño.
I'm going to put the baby to sleep.

El no ha dormido en su cama.
His bed hasn't been slept in.

DORMIRSE

Duérmete.
Go to sleep.

Rose cantará al niño para que se duerma.
Rose will sing the baby to sleep.

No te duermas.
Keep awake.

El se durmió.
He fell asleep. / He went to sleep.

Se me durmieron los miembros.
My limbs grew numb.

DOS

Los dos chicos tienen diccionarios.
Both the boys have dictionaries. / Both of the boys have dictionaries.

Los dos son marineros.
They are both sailors. / Both of them are sailors.

Estos dos chicos son estudiantes.
Both these boys are students. / These boys are both students.

Subió las escaleras de dos en dos.
He went up the stairs two at a time.

DUDA

No cabe ninguna duda.
There's no doubt of that. / There's no doubt about it.

Nunca se ha puesto en duda.
It's never been in doubt.

No deja lugar a dudas.
It leaves no room for doubt.

No tengo duda de que lo puedes hacer.
I have no doubt you can do it.

No hay duda de que es inglés.
There's no doubt that he is English.

DUDAR

Dudo que pueda venir hoy.
I doubt if he can come today.

Dudo de su palabra.
I doubt his word.

No dudo de su honradez.
I don't doubt his honesty.

Dudo que alguna vez entienda el
inglés.
I doubt if I'll ever understand English.

Nunca dudó de la victoria.
He never doubted victory.

Dudo de la autenticidad del cuadro.
I doubt the authenticity of the picture.

Se duda que vayan a Roma la
semana que viene.
*There's some doubt about whether
they'll go to Rome next week.*

¿Dudas de mi capacidad para
escribir el libro?
*Do you doubt my ability to write the
book?*

DURANTE

Ronald ha estado estudiando
español durante los tres últimos
años.
*Ronald has been studying Spanish
for the last three years.*

DURAR

¿Duró mucho?
Did it last long?

No sé cuánto más durará esto.
*I don't know how much longer this
will last.*

Esto no durará mucho.
This won't take long.

¿Cuánto duró el viaje?
How long did the trip take?

El viaje duró una hora.
The trip took one hour.

Esta máquina de escribir me dura
desde que tenía veinte años.
*This typewriter has lasted me since I
was twenty.*

¿Cuánto dura la clase?
—La clase dura una hora.
*How long is the class?
—The class is one hour long.*

¿Crees que la lluvia durará mucho?
Do you think the rain will last long?

¿Durarán mucho estos zapatos?
Will these shoes last long?

Estos zapatos durarán tres veces
más.
*These shoes will last three times
longer.*

E

ECHAR

Echa cerveza de la botella.
Pour some beer out of the bottle.

Echa la cerveza en un vaso.
Pour the beer into a glass.

Echa la cerveza de la botella al vaso.
*Pour the beer out of the bottle into
the glass.*

Echa un vaso de vino.
Pour out a glass of wine.

Echa el vino.
Pour out the wine.

Echame vino.
*Pour me some wine. / Pour some
    wine for me.*

Echa agua al té.
Pour some water on the tea.

Echa al perro de la casa.
Throw the dog out of the house.

El chico echó a correr.
The boy started to run.

Echa la carta en un buzón.
Post the letter in a letter-box.

Echémoslo a cara o cruz.
Let's toss up for it.

Echame la pelota.
*Throw me the ball. / Throw the ball to
    me.*

Me dio un empujón y me echó de la
    silla.
He pushed me off the chair.

Tengo entendido que le echaron 5
    años.
I hear he got 5 years.

Empezó a echar humo.
It began to smoke.

ECHARSE

Ruth se echó a llorar.
Ruth broke into tears.

Papá se ha echado un rato.
Dad is lying down for a while.

EDAD

Los dos chicos son de la misma
    edad.
The two boys are the same age.

James tiene la misma edad que
    Molly.
James is the same age as Molly.

Está en edad de estudiar mucho.
She's at an age to study hard.

¿Qué edad me echas?
*What age would you give me? /
    What age would you take me for?*

Ella no representa la edad que tiene.
She doesn't look her age.

Murió a la edad de 98 años.
She died at the age of 98.

Yo solía jugar al fútbol cuando tenía
    tu edad.
*I used to play football when I was
    your age.*

¿A qué edad empiezan los niños a
    hablar?
*At what age do children begin to
    talk?*

Mi primo Ben está muy mayor para
    la edad que tiene.
*My cousin Ben is a big boy for his
    age.*

EDUCACION

Es de mala educación hablar con la
    boca llena.
*It's bad manners to speak with one's
    mouth full.*

EDUCADO

Pete está mal educado.
Pete has bad manners. / Pete has no manners.

Paul está bien educado.
Paul has good manners.

¡No seas tan mal educado!
Don't be so rude!

EFECTO

No surte efecto.
It isn't any good.

EJEMPLO

Pongamos a Betsy por ejemplo.
Let's take Betsy for example.

EJERCICIO

Nadar es un buen ejercicio.
It's good exercise to swim.

Engordará si no hace ejercicio.
He'll get fatter if he does not take some exercise.

Deberías hacer más ejercicio.
You should take more exercise.

EL QUE

Leo es el que menos dinero gana y Eve es la que más.
Leo earns the least money and Eve earns the most.

Yo soy el que lo pintó.
I'm the one that painted it.

El que vende carne se llama carnicero.
One who sells meat is called a butcher.

Hay un libro grande en su mesa; el que su padre le dio.
There's a big book on his table; the one his father gave him.

¿Es usted el que conoce a Nicholas?
Are you the one who knows Nicholas?

El mejor dibujo es el que hizo Jimmy.
The best drawing is the one done by Jimmy. / The best drawing is the one (that) Jimmy did.

Me gusta este traje más que el que compró Sue.
I like this suit better than the one Sue bought.

ELEGIR

Tú lo elegiste.
The choice has been all yours.

Elígeme una corbata.
Choose me a tie. / Choose a tie for me.

No sé cuál elegir.
I don't know which to choose.

Elige de entre estos libros.
Choose from these books.

Tiene seis novelas de donde elegir.
He has a choice of six novels.

Le eligieron por sus conocimientos de inglés.
He was chosen for his knowledge of English.

Elegí uno al azar.
I picked one at random.

ELEVARSE
El avión se elevó por los aires.
The plane rose into the air.

EMPACHADO
Estoy empachado.
I feel fed up.

EMPAPADO
Estás empapado.
Your clothes are soaking wet.

¡Estás empapado!
You're soaking!

EMPARENTADOS
Ellos están emparentados.
They're related to each other.

EMPARENTAR
Emparentó con los Vargas.
He married into the Vargas family.

EMPATE
Es un empate.
The game is a draw.

El juego terminó en empate.
The game ended in a draw.

EMPEORAR
Eso sólo empeorará las cosas.
That will only make matters worse.

La situación puede empeorar
rápidamente.
The situation can worsen rapidly.

EMPEZAR
¿Cuánto tiempo hace que empezó la
película?
How far has the film gone?

Empezó a nevar.

It began snowing. / It began to snow.

Empieza a vestirte.
Start to get dressed.

Empieza a prepararte.
Start getting ready.

¿Cómo empezó todo esto?
How did all this get started?

¡Ya empieza!
It's starting!

¡Empecemos!
Let's get started!

Empecé como profesor.
I started out as a teacher.

Puede empezar en una de estas
fechas.
You may start on one of these dates.

Empezaremos por escribir la carta.
We'll start by writing the letter.

Esta palabra empieza por vocal.
This word begins with a vowel.

Joe se ha comido ya cinco pasteles
y está empezando el sexto.
*Joe has already eaten five cakes and
is starting on the sixth.*

Déjame empezar por el principio.
Let me begin at the beginning.

Vamos, empieza.
Come on, make a start.

Empezó a cantar una canción de la
película.
He broke into a song from the film.

El partido empieza dentro de una
    hora.
The match starts in an hour.

Para empezar podían buscar una
    casa pequeña.
*To begin with they could look for a
    small house.*

EMPLEADO

Le está bien empleado por ser tan
    pelmazo.
*That serves him right for being such
    a bore.*

EMPLEO

El ha encontrado empleo.
*He has found employment. / He has
    found a job.*

EMPOLVARSE

Vicky se empolva la cara.
Vicky uses face powder.

EMPUJAR

Me empujó para atrás.
He pushed me back.

EMPUJON

Abrió la puerta de un empujón.
*He pushed the door open. / He
    pushed open the door.*

EN

Ella trabaja en un banco.
She works at a bank.

Vive en la calle del Sol número 45.
He lives at 45 Sun Street.

Estaba escrito en el encerado.
It was written on the blackboard.

Me marcho en este tren.
I'm going on this train.

Lo vi en el Teatro Shakespeare.
I saw it at the Shakespeare Theatre.

Estudió en la Universidad de Kent.
She studied at the University of Kent.

Esperé en la parada del autobús.
I waited at the bus stop.

Lo compré en la tienda de
    alimentación.
I bought it at the grocer's.

Lo compré en la tienda de Wilson.
I bought it at Wilson's.

Barcelona está en la costa
    mediterránea.
*Barcelona is on the Mediterranean
    Sea.*

Había una alfombra en el suelo.
There was a carpet over the floor.

Trabaja en una granja.
He works on a farm.

Hay una cerradura en la puerta.
There's a lock on the door.

Hay un manillar en la puerta.
There's a handle on the door.

No me gusta viajar en coche.
I don't like travelling by car.

Hay tres pájaros en aquel árbol.
There are three birds in that tree.

Hay algunas peras en aquel árbol.
There are some pears on that tree.

¿Por qué no hablas en inglés?
Why don't you speak in English?

Hay un avión en el cielo.
There's a plane in the sky.

Tiene un paraguas en la mano.
He has an umbrella in his hand.

Andorra está en la frontera hispano-
francesa.
*Andorra is on the French Spanish
border.*

Hay dos moscas en el techo.
There are two flies on the ceiling.

Hay una barca en el lago.
There's a boat on the lake.

Los patos están nadando en el
estanque.
*The ducks are swimming in the
pond.*

Le visité en el hospital.
I visited him in hospital.

Me hospedé en el Palace.
I stayed at the Palace.

Hay pollo en el menú.
There's chicken on the menu.

Hay un trozo de tarta en el plato.
There's a piece of cake on the plate.

¿Cuál es tu trabajo en la revista?
What's your job on the magazine?

Hay mucha gente en plantilla.
There are many people on the staff.

Hay un anzuelo en el sedal.
There is a hook on the fishing line.

Existe una grabación en cassette de
todas estas canciones.
*There is a recording of all these
songs on cassette.*

Están en la playa.
They're on the beach.

Se gastó el dinero en libros.
He spent the money on books.

A veces pienso en mis amigos de
Canadá.
*I sometimes think of my friends in
Canada.*

Compré esta medicina en la
farmacia.
I got this medicine at the chemist's.

El niño nació en Navidad.
The baby was born at Christmas.

Tom fue el primero en empezar y el
último en acabar.
*Tom was the first to begin and the
last to finish.*

Tenías razón en que vendrían hoy.
*You were right about their coming
today.*

Estoy de acuerdo en que esta
lección es muy difícil.
*I agree that this lesson is very
difficult.*

ENAMORADO
Está enamorado de ella.
He's in love with her.

ENAMORADOS

Están enamorados.
They're in love with each other.

ENAMORARSE

Mark se enamoró de Molly.
Mark fell in love with Molly.

ENCANTADO

Estoy encantado con ella.
I'm delighted with her.

Estaré encantado si venís conmigo.
I'll be delighted if you come with me.

Encantado de conocerle.
Pleased to meet you.

Hay un bosque encantado cerca del pueblo.
There is an enchanted wood near the village.

ENCANTO

Eres un encanto.
You are a dear.

El conejo desapareció como por encanto.
The rabbit disappeared as if by magic.

ENCARGADO

El está encargado de regar las flores.
He's responsible for watering the flowers.

ENCARGAR

Les encargué 2.000 ladrillos.
I gave them an order for 2,000 bricks.

ENCARGARSE

Encárgate de que se eche la carta.
See that the letter is posted.

Me encargaré de ello.
I'll see to it.

Me encargaré de que Mike reciba tu mensaje.
I'll see that Mike gets your message.

ENCENDER

Enciende el aparato.
Switch the set on. / Switch on the set.

Enciende la luz.
Switch the light on. / Switch on the light.

Aunque hacía frío no encendió el fuego.
Though it was cold he did not light the fire.

Ha encendido una vela.
He has lit a candle.

Va a encender un cigarrillo.
He's going to light a cigarette.

ENCENDIDA

La vela está encendida.
The candle is alight.

Hay una vela encendida en la mesa.
There's a lighted candle on the table.

La luz está encendida.
The light is on.

Dejaste la luz encendida.
You left the light on.

La casa estaba encendida.
The house was lit up.

¿Está la televisión encendida o
     apagada?
Is the television set on or off?

ENCERRARSE

Se encerró con llave.
He locked himself in.

ENCIMA

El tiempo se echa encima.
Time is getting on.

El espejo estaba encima del lavabo.
The mirror was over the washbasin.

¿Cuánto dinero llevas encima?
*How much money have you got with
     you?*

No llevo dinero encima.
I haven't got any money on me.

Tiró la sopa encima del hombre.
He threw the soup over the man.

Tiraron la pelota por encima de la
     valla.
They threw the ball over the fence.

Ponlo encima de aquel armario.
Put it on top of that cupboard.

El avión volaba por encima de las
     nubes.
*The plane was flying above the
     clouds.*

ENCOGER

La falda encogió al lavarla.
The skirt shrank in the wash.

ENCOGERSE

Se encogió de hombros.
He shrugged his shoulders.

ENCONTRAR

Encontré un libro muy interesante.
*I found a very interesting book. / I
     came across a very interesting
     book.*

ENCONTRARSE

Me encontré con él viniendo a casa.
I met him on the way home.

Nos encontramos en Berlín
     inesperadamente.
We ran into each other in Berlin.

ENCHUFAR

Enchufa la radio en el enchufe de la
     pared.
Plug the radio into the wall socket.

Acabo de enchufarlo.
I've just plugged it in.

ENCUENTRO

Nuestro encuentro en Londres fue
     totalmente casual.
*Our meeting in London was quite by
     chance.*

ENDEUDADO

Peter Brown estaba muy endeudado.
Peter Brown was heavily in debt.

ENFADARSE

No te enfades con ella.
Don't get angry with her.

No te enfades por lo que ha hecho
     Sue.
*Don't get angry at what Sue has
     done.*

No tienes por qué enfadarte tanto.
You needn't be so cross.

Peggy se enfadó mucho.
Peggy became very angry.

Rita se enfada sin razón.
Rita gets angry for no reason at all.

ENFERMO

Está enfermo con gripe.
He's down with the flu.

ENFOCAR

Yo no lo enfocaría de esa manera.
I wouldn't take that view.

ENFRASCADO

Estaba enfrascado en esta novela.
I was absorbed in this novel.

ENFRENTARSE

Tuvieron que enfrentarse con
tanques.
They had to fight tanks.

ENFRENTE

Se sentaron uno enfrente de otro.
They sat opposite each other.

Sally vive enfrente.
Sally lives opposite.

Mi tio Fred vive enfrente del parque.
*My uncle Fred lives opposite the
park.*

ENFRIARSE

Este café está demasiado caliente
para beberlo. Esperaré a que se
enfríe.
*This coffee is too hot to drink. I'll wait
till it cools down.*

ENGANCHARSE

La correa de mi bolso se ha
enganchado en tu botón.
*My bag-strap has caught on your
button.*

Se me enganchó el paraguas en el
abrigo.
My umbrella got caught in my coat.

ENGAÑAR

Le engañaron.
He was taken in.

Nos engañó haciéndonos creer que
era profesor de verdad.
*He fooled us into believing he was a
real teacher.*

El marido supo que ella le había
engañado con un sujeto llamado
Mark.
*The husband learnt that his wife had
been unfaithful with a man called
Mark.*

ENGORDAR

Las patatas engordan.
Potatoes make you fat.

Está engordando.
*He's growing fatter. / He's putting on
weight.*

Mi hermana Tessie ha engordado
dos libras.
*My sister Tessie has put on two
pounds.*

Engordarás demasiado si comes
tanto.
*You'll grow too fat if you eat so
much.*

ENHORABUENA

Enhorabuena por tu libro.
I congratulate you on your book.

Enhorabuena para la novia y el novio.
Best wishes to the bride and groom.

ENREDARSE

Este hilo se enreda con facilidad.
This thread tangles easily.

Durante el descenso el paracaí-das se enredó.
During the descent the parachute became tangled.

ENROJECER

La chica enrojeció.
The girl went red. / The girl turned red.

ENROLLAR

Se enrolló una venda alrededor del dedo que se había cortado.
She bandaged her cut finger.

ENSEÑAR

Enséñale el libro a Liz.
Show the book to Liz. / Show Liz the book.

Nos enseñaron la casa.
They showed us round the house.

¿Quiere enseñarme calcetines de color? (En una tienda).
May I see some coloured socks?

¿Quieres enseñarme a silbar?
Will you teach me how to whistle? / Will you teach me to whistle?

Se le debe enseñar al perro a que haga sus necesidades en un lugar determinado.
The dog must be trained to do its necessities in a fixed place.

ENSIMISMADO

Se quedó ensimismado.
He became absorbed.

ENSUCIARSE

No te ensucies la cara.
Don't dirty your face. / Don't get your face dirty.

Las camisas blancas se ensucian fácilmente.
White shirts dirty very easily.

Te estás ensuciando las manos.
You're making your hands dirty.

Me ensucié las manos pintando la puerta.
I dirtied my hands painting the door.

ENTENDER

No entiendo lo que dices.
I can't make out what you're saying.

No lo entiendo.
I can't make it out.

No entendí ni una palabra de lo que dijo.
I couldn't understand a word of what he said.

Puedo hacerme entender.
I can make myself understood.

Entendieron mal lo que dije.
They misunderstood what I said.

No entiendo de vino.
I know nothing about wine.

No entiendo el significado de estas cartas.
I don't get the meaning of these letters.

ENTENDIDO
Tengo entendido que Bob está enfermo.
I hear that Bob is ill.

ENTERO
El gato se tragó un pez entero.
The cat swallowed a fish whole.

Jack se comió el pastel entero.
Jack ate the whole cake.

ENTONCES
En 1880 el entonces Presidente Lord Morton mandó construir este palacio.
In 1880 the then President Lord Morton ordered this palace to be built.

Desde entonces vivieron felices (al final de un cuento).
They lived happily ever after.

ENTRADA
Esta es la entrada.
This is the way in.

ENTRAR
Se entra por aquí.
You go in this way.

Déjame entrar.
Let me in.

¿Cómo entraste en la casa?
How did you get into the house?

¿Cómo entraste?
How did you get in?

Entró en la casa.
He went into the house. / He went inside the house.

Entró apresuradamente en la habitación.
He hurried into the room.

Entremos al cine.
Let's go into the cinema.

Entra.
Come in. / Come inside (hablando desde dentro). */ Go in. / Go inside* (hablando desde fuera).

Entra por esta puerta.
Go in through this door.

El barco entró en el puerto.
The ship sailed into the harbour.

¿Por dónde se entra a la estación?
Which is the way in to the station?

Ahora deben entrar en negociaciones.
Now they must enter into negociations.

ENTRE
Hubo un acuerdo entre las naciones.
There was an agreement between the nations.

Hay una gran diferencia entre ir al cine y ver la televisión.

There's a great difference between going to the cinema and watching television.

Luxemburgo está situado entre Bélgica, Alemania y Francia.
Luxembourg is situated between Belgium, Germany and France.

Hizo amigos entre la mejor sociedad de Madrid.
He made friends among the high society in Madrid.

Entre nosotros, no me gusta esa película.
Between ourselves, I don't like that film.

32 entre 8 es igual a 4.
8 into 32 equals 4.

ENTREGAR
Entreguen sus billetes.
Give up your tickets.

Entreguen los ejercicios.
Hand in your exercises.

ENTRETENER
Vemos que estás ocupado, así que no te entretendremos mucho.
We see that you're busy, so we won't keep you long.

ENVEJECER
Marion está envejeciendo.
Marion is getting old.

ENVIAR
Enviaré a por una botella de vino.
I'll send out for a bottle of wine.

ENVIDIAR
¡Cómo te envidio!
How I envy you!

Te envidio por tu nuevo coche.
I envy you your new car.

ENVOLVER
¿Quiere envolvérmelo?
Will you wrap it up for me?

¿Se lo envuelvo?
Shall I wrap it up for you?

ENVUELTO
El regalo estaba envuelto en papel de seda.
The present was wrapped up in tissue paper.

EQUIVALER
Equivale a lo mismo.
It amounts to the same thing.

EQUIVOCADO
Estás equivocado.
You're wrong. / You're in the wrong.

Estaba equivocado en lo que dije.
I was wrong in what I said.

EQUIVOCARSE
No puedes equivocarte.
You can't go wrong.

Me equivoqué de autobús.
I caught the wrong bus.

Creo que te equivocas.
I think you're making a mistake.

Se ha equivocado de número (al teléfono).
You've got the wrong number.

Si sigue estas instrucciones no
    puede equivocarse.
*If he follows these directions he can't
    go wrong.*

ERROR

Es un error decir eso.
It's quite a mistake to say that.

Golpeó a Bill por error.
He hit Bill by mistake.

ES

Hay un refrán sobre un caballo;
    ¿cómo es?
*There's a proverb about a horse;
    how does it go?*

ESCALA

El barco hizo escala en Barcelona.
The ship called at Barcelona.

ESCALERA

Se cayó de la escalera.
He fell off the ladder.

Está subido a la escalera.
He's up the ladder.

Dick se subió a la escalera.
Dick climbed the ladder.

Me subí a la escalera y pinté el
    techo.
*I got up the ladder and painted the
    ceiling.*

ESCALERAS

Subió las escaleras.
*He went up the stairs. / He went
    upstairs.*

Había recorrido bastante camino
    escaleras arriba.

*He had gone a considerable way up
    the stairs.*

ESCAPARSE

El pájaro se escapó.
The bird flew away.

El pájaro se escapó por la ventana,
    que estaba abierta.
*The bird flew out of the open
    window.*

Trató de escaparse de la policía.
He tried to run away from the police.

ESCASO

Anda escaso de dinero.
He is short of money. / He is hard up.

ESCAYOLAR

El doctor le escayoló la pierna.
The doctor put his leg in plaster.

ESCONDER

Han escondido el tesoro.
They've hidden the treasure.

ESCONDERSE

Se escondió de sus amigos.
He hid from his friends.

Mi hermana Sue se escondió detrás
    de la puerta.
My sister Sue hid behind the door.

¿Dónde nos esconderemos?
Where shall we hide?

ESCONDIDO

Joe está escondido desde el año
    pasado.
*Joe has been in hiding since last
    year.*

Está escondido en algún sitio.
He's hiding somewhere.

Por fin encontraron el tesoro escondido.
At last they found the hidden treasure.

ESCRIBIR
Les escribí una carta.
I wrote a letter to them. / I wrote them a letter.

Les escribí ayer.
I wrote to them yesterday.

Escríbenos cuatro letras.
Drop us a line.

Escribió una carta deprisa.
He dashed off a letter.

Escríbelo a tinta.
Write it in ink.

ESCRITO
Póngalo por escrito.
Put it in writing. / Put it down in writing.

¿En qué idioma está escrito?
What language is it written in?

El informe está escrito a máquina.
The report is typewritten.

ESCUCHAR
Primero escuchamos algo de Bach.
First we listened to some Bach.

ESCUELA
Fui a la escuela para hablar con el profesor.

I went to the school to speak to the teacher.

¿Qué te gustaría ser cuando dejes la escuela?
What would you like to be when you leave school?

ESCURRIR
Después de lavar la toalla, la escurrió.
After washing the towel, she wrung it out.

ESE
¡Ese es!
That's the one!

ESFORZARSE
Me esforcé.
I did my best.

ESPADA
Llevaba una espada al cinto.
He carried a sword at his side.

ESPALDA
Nos dio la espalda.
He turned his back on us.

Perdone que le dé la espalda.
Excuse my back.

Estaba sentada dándonos la espalda.
She was sitting with her back to us.

ESPARCIDOS
Los libros estaban esparcidos por toda la habitación.
The books were scattered all over the room.

ESPECIALIZADO

Está especializado en gramática.
He specializes in grammar.

ESPEJO

Mary se miró al espejo.
Mary looked at herself in the mirror.

Mírate la cara en el espejo.
Look at your face in the mirror.

ESPERANZA

No pierdas la esperanza.
Don't give up hope.

¿Hay alguna esperanza de llegar a tiempo?
Is there any hope of getting there in time?

Tengo la esperanza de conseguir algún dinero.
I have a hope of getting some money.

Vine con la esperanza de verla.
I came in the hope of seeing her.

Abandonó toda esperanza.
She abandoned all hope.

Casi he perdido la esperanza de enseñarles inglés.
I've almost despaired of teaching them English.

ESPERANZAS

Tenemos grandes esperanzas de que apruebe el examen.
We have high hopes of his passing the exam.

ESPERAR

No me esperes levantada.

Don't wait up for me.

Siento haberte hecho esperar.
I'm sorry to have kept you waiting.

No tendrás que esperar mucho.
You won't have to wait long.

Espero estar de vuelta el lunes que viene.
I hope to be back next Monday.

No puedo esperar más tiempo.
I can't wait any longer.

No me hagas esperar.
Don't keep me waiting.

Espero que nos perdones.
I hope you'll forgive us.

No ha venido nadie a esperarnos (en la estación).
There's nobody to meet us.

Esperemos que todo vaya bien.
Let's hope for the best.

No esperaron a tomar el autobús.
They didn't wait to take the bus.

Estoy esperando que pare de nevar.
I'm waiting for the snow to stop.

¿Puedes esperar unos minutos más?
Can you wait a few minutes longer?

Les espero en cualquier momento.
I expect them any minute.

No esperábamos eso.
We didn't expect that.

Esperé diez minutos.
*I waited ten minutes. / I waited for
ten minutes.*

Eso es de esperar.
That's to be expected.

Me esperan en casa.
They're expecting me at home.

Esperaba una respuesta a mi
pregunta.
*I expected an answer to my
question.*

Espero que tú lo hagas.
I'm waiting for you to do it.

Espero verte otra vez.
I hope to see you again.

He esperado mucho.
I've had a long wait.

Esperé en la parada del autobús.
I waited at the bus-stop.

Espero con ansiedad las vacaciones
de verano.
*I look forward to the summer
holidays.*

ESPOSA

Fue una buena esposa para él.
She was a good wife to him.

ESQUINA

Esperó en la esquina de la calle.
He waited on the street corner.

Hay un sello en la esquina superior
derecha del sobre.
*There's a stamp in the top right-hand
corner of the envelope.*

ESTABLECER

Me gustaría establecer una granja
agrícola.
I'd like to start a chicken farm.

ESTABLECERSE

Se estableció como panadero.
He set up as a baker.

Se estableció en París como
profesor de inglés.
*He settled in Paris as an English
teacher.*

ESTANQUE

Hay una rana en el estanque.
There's a frog in the pond.

Hay un pato nadando en el
estanque.
*There's a duck swimming on the
pond.*

ESTAR

El libro ya no está aquí.
The book has gone.

En qué mes estamos?
What month is it?

¿En qué año estamos?
What year is it?

¿En qué estación estamos?
What season is it now?

Estamos en invierno.
It's winter.

Estamos a domingo, veinte de abril.
This is Sunday, the twentieth of April.

España está al sur de Francia.
Spain lies to the south of France.

ESTATURA

Tiene más o menos mi estatura.
He is about my own height.

ESTILO

¿De qué estilo es esta catedral?
What style is this cathedral?

Lo pintó al estilo de Goya.
He painted it in the style of Goya.

Esta iglesia, construida en estilo gótico, es muy interesante.
This church, built in Gothic style, is very interesting.

ESTORBAR

Apártate, me estorbas.
Please move, you're in my way.

Esto me está estorbando.
This is in my way.

Ten la amabilidad de no estorbar.
Be kind enough to stay out of my way.

ESTRECHAR

Estrecha el vestido en la cintura.
Take the dress in at the waist.

ESTRECHARSE

Se estrecharon las manos.
They shook hands.

ESTRELLARSE

El avión se estrelló contra el suelo.
The plane crashed to the ground.

ESTROPEAR

Me has estropeado el traje.
You've ruined my suit.

ESTROPEARSE

Se estropeó la comida.
The food went bad.

La tele se ha estropeado otra vez.
The telly has gone wrong again.

ESTUDIAR

Larry está estudiando para ingeniero electricista.
Larry is studying electrical engineering.

Va a la escuela pero no estudia mucho.
He goes to school but he doesn't work very well.

Robin estudió para piloto.
Robin studied to become a pilot.

¿Qué carrera estudia Ruth?
What degree is Ruth reading for?

EVIDENTE

Era evidente que tenía prisa.
He was clearly in a hurry.

EVITAR

No pude evitar la risa.
I couldn't help laughing.

Debes evitar verla.
You must avoid seeing her.

No puedo hacer nada para evitarlo.
I can't help it.

No se puede hacer nada para evitarlo.
It can't be helped.

Me era imposible evitar que me temblaran las piernas.

*It was impossible to keep my legs
    from trembling.*

Cruzó la calle para evitar hablarme.
*He crossed the street to avoid
    speaking to me.*

EXACTITUD

No lo sé con exactitud.
I can't be exact about it.

EXAMEN

Me suspendieron en el examen.
I failed my exam.

Aprobé el examen.
I passed my exam.

EXAMENES

Está preparando unos exámenes.
He's studying for some exams.

EXAMINAR

Lo examinaron a fondo.
It was deeply examined.

¿Cuándo te examinas del carnet de
    conducir?
*When are you taking your driving
    test?*

A todos los estudiantes se les
    examina en junio.
*All students are given an exam in
    June.*

Voy a examinarte de inglés.
*I'm going to give you an English
    exam.*

EXCEPCION

Hay una excepción.
There's one exception to this.

EXCUSA

Pusieron la lluvia por excusa para no
    salir.
*They made the rain an excuse for
    not going out.*

EXCUSARSE

No trato de excusarme.
I make no excuse for myself.

EXISTIR

Hace mucho tiempo que existen las
    plumas estilográficas.
Fountain-pens have long existed.

Es el mejor hombre que existe.
He's the best man alive.

EXITO

Tiene mucho éxito con sus amigos.
He's very popular with his friends.

¡Por tu éxito! (al brindar).
Here's to your success!

EXPERIENCIA

Sé esto por experiencia.
I know this from experience.

No tengo mucha experiencia en
    esto.
*I'm not very experienced at this sort
    of thing.*

Sally tiene experiencia en la
    enseñanza del inglés.
*Sally is experienced in the teaching
    of English.*

No tengo mucha experiencia en
    hablar con la gente.
*I haven't much experience of talking
    to people.*

EXPLICACION

¿Qué explicación dio por llegar
tarde?
How did he account for being late?

EXPLICAR

Eso lo explica.
That accounts for it.

Explícanos la lección.
Explain the lesson to us.

Le expliqué lo que había ocurrido.
*I explained to him what had
happened.*

¿Cómo explicas la pérdida del
dinero?
*How do you account for the loss of
the money?*

EXPLOTAR

La bomba explotó haciendo mucho
ruido.
The bomb went off with a bang.

EXPONER

Han expuesto el Goya en las
Galerías Wilson.
*The Goya has been placed on
display at Wilson's Galleries.*

EXPRESARSE

Se expresó en español.
He expressed himself in Spanish.

No puede expresarse con palabras.
It can't be said in words.

EXTENDER

Le extendí la mano.
I held out my hand to him.

Extiende la ropa encima de la cama.
Put the clothes out on the bed.

Extiende el brazo y coge un trozo de
pan.
*Stretch out your arm and take a
piece of bread.*

Ann extendió las manos y el niño
corrió hacia ella.
*Ann held out her hands and the child
ran to her.*

EXTENDERSE

La noticia se extendió rápidamente
por la ciudad.
*The news spread quickly throughout
the town.*

Nuestro jardín se extiende desde la
casa hasta la carretera.
*Our garden stretches from the house
to the road.*

EXTENSION

Quiero hablar con Mr Evans en la
extensión 1052.
*I want to speak to Mr Evans on
extension 1052.*

F

FACILIDAD

¿Olvida Joe las cosas con facilidad?
Is Joe apt to forget?

FALLAR

Nunca falla.
It never fails.

Fallé el tiro.
I missed my shot.

¡Fallaste!
Missed!

Los frenos fallaron.
The brakes failed.

FALTA

No puedo ponerlo en ningún sitio por falta de espacio.
I can't put it anywhere for want of room.

FALTAR

Falta un mes para el examen.
We have a month to the examination.

¿Cuánto falta para tu cumpleaños?
How long is it to your birthday?

Aún falta mucho para mi cumpleaños.
My birthday is still a long way off.

¿Cuánto falta para Navidad?
How long is it until Christmas? / How long is it to Christmas?

¿Cuántas semanas faltan para Navidad?
How many weeks is it to Christmas?

Faltan tres semanas para Navidad.
It's three weeks to Christmas. / We have three weeks to go to Christmas. / Christmas is three weeks away.

¿Te das cuenta de que sólo faltan dos semanas para Navidad?

Do you realize that Christmas is only two weeks away?

Falta aún una semana para que empiece la escuela.
There's still a week to go before school begins.

Ya no falta mucho.
It won't be long now.

Faltan dos días.
There are two more days to go.

No falta mucho para junio.
June isn't far away.

Aún falta una hora.
There's still an hour to go.

¿Cuánto falta para la cena?
How much longer is dinner going to be?

Aún faltan dos semanas más.
There are still two more weeks to be got through.

Falta mucho tiempo hasta el día de cobro.
It's a long time till payday.

Faltan sólo dos días para mi boda.
My wedding is just two days off.

Falté a la reunión.
I was absent from the meeting.

A este cuadro le falta color.
This picture is wanting in colour.

A esta sopa le falta un poco de sal.
This soup wants a bit of salt.

Me falta una palabra.
I'm short of a word.

Le falta un botón a esta chaqueta.
There's a button off this jacket.

Hay una camisa a la que le faltan
   tres botones.
*There's a shirt with three buttons
   missing.*

Faltan por venir sólo dos
   estudiantes.
*There are only two more students to
   come.*

Ayer faltó a la oficina.
*He stayed away from the office
   yesterday.*

¿Falta aún mucho para Madrid?
Is it still very far to Madrid?

Faltan diez kilómetros para Madrid.
It's ten kilometres to Madrid.

Nos falta personal en la tienda.
We're short of help in the shop.

Me falta aún mucho para conocer el
   idioma totalmente.
*I'm still a long way from knowing the
   language thoroughly.*

Si te falta dinero, pídeme.
If you lack money, ask me for some.

FAMILIA

La familia va al campo.
The family go to the country.

Sue viene de familia pobre.
Sue comes from a poor family.

¿Cuántos sois de familia?
How many are there in your family?

¿Tienes familia en Londres?
Have you any family in london?

Tengo familia en París.
I have family in Paris.

¿Por qué no vive tu familia en
   Sevilla?
Why don't your family live in Seville?

FAMILIARIZADO

Está familiarizado con esta máquina
   de escribir.
*He's well acquainted with this
   typewriter.*

FAMOSO

Es famoso por sus obras.
He's famous for his works.

Es famoso en el mundo entero.
He's famous all over the world.

FASTIDIAR

¡Eso me fastidia!
I get sick of that!

Me fastidia Terry por su presunción.
I dislike Terry for his boasting.

FASTIDIO

¡Qué fastidio! Se me ha olvidado el
   diccionario.
*Oh, bother! I've forgotten to bring my
   dictionary.*

FAVOR

Quiero pedirte un favor.
I want to ask you a favour.

¿Quieres hacerme un favor?
Will you do me a favour?

Estoy a favor de ir en avión.
I'm for travelling by plane.

¿Estás a favor o en contra?
Are you for or against it?

Once votos a favor, siete en contra y cinco abstenciones.
Eleven votes for, seven against and five abstentions.

FEAS

Las cosas se pusieron feas para Ian.
Things looked black for Ian.

FECHA

¿Qué fecha es hoy?
    —Hoy es martes, cinco de marzo.
What's the date today? / What date is it today?
    —Today is Tuesday, the fifth of March.

¿Qué fecha fue ayer?
    —Ayer fue lunes, cuatro de marzo.
What was the date yesterday? / What date was it yesterday?
    —Yesterday was Monday, the fourth of March.

¿Qué fecha es mañana?
    —Mañana es miércoles, seis de marzo.
What's the date tomorrow? / What date is it tomorrow?
    —Tomorrow is Wednesday, the sixth of March.

FIARSE

¿Te fías de que Tom conduzca el coche?
Do you trust Tom to drive the car?

FIEBRE

Como tenía fiebre, le metimos en la cama.
As he had a temperature, we put him to bed.

FIESTA

Mañana es fiesta.
Tomorrow is a holiday.

Navidad es una fiesta importante.
Christmas is an important festival.

La fiesta no terminó hasta las tres de la madrugada.
The party did not break up till three in the morning.

FIJARSE

Se fijó en el botón.
His eye fell to the button.

No me había fijado.
I didn't notice.

FILA

Todos estábamos en fila.
We were all standing in a line.

FILOSOFIA

Me tomé las cosas con filosofía.
I took it philosophically.

FIN

No tiene fin.
There's no end to it.

El programa tocaba a su fin.
*The programme was drawing to a
    close.*

La historia llegó a su fin.
*The story came to an end. / The
    story reached its conclusion.*

Leyó el periódico del principio al fin.
*He read the paper from beginning to
    end.*

FINAL

Al final lo dejé por imposible.
In the end I gave it up.

FINALES

Era un día caluroso a finales de julio.
It was a hot day in late July.

FINGIR

Fingió ser española pero su acento
    la delató.
*She pretended to be Spanish but her
    accent gave her away.*

FONDO

El baño está al fondo del pasillo.
*The bathroom is at the end of the
    passage.*

FORMA

Esa es la mejor forma de hacerlo.
That's the best way to do it.

Yo sé una forma muy fácil de
    hacerlo.
I know a very easy way of doing it.

No me gusta la forma en que lo
    haces.
I don't like the way you do it.

No hay forma de aprobar el examen
    sino es estudiando mucho.
*There's no way to pass the exam but
    to study hard.*

Esa no es forma de hablar a tu
    padre.
*That is no way to speak to your
    father.*

FORTUNA

Mi tio Fred hizo una fortuna con los
    libros.
*My uncle Fred made a fortune out of
    books.*

FOTO

Quiero que me hagan una foto.
I want to have my photograph taken.

Tomó una foto de la iglesia.
He took a photo of the church.

Me hicieron esta foto cuando estuve
    en Disneyland.
This picture was taken of me when I
    was at Disneyland.

La última foto que me hiciste era
    muy buena.
*The last photograph you took of me
    was very good.*

Mándenos una foto suya reciente.
*Send us a recent photograph of
    yourself.*

FREGAR

Molly fregó el suelo.
Molly scrubbed the floor.

Jim fregó los platos.
Jim did the washing-up.

FRENAR

Tuve que frenar de repente.
I had to put on the brake suddenly.

FRENO

El freno de mano está echado.
The hand-brake is on.

FRENTE

Dos coches han chocado de frente.
Two cars have crashed head-on.

El no puede hacer frente a las
deudas que tiene.
He can't meet his debts.

FRESCO

¡Qué fresco eres!
You have a nerve!

Está empezando a hacer fresco.
It's getting chilly.

FRIO

Se está levantando frío.
It's getting cold.

Hace un frío que pela.
It's bitterly cold.

Paso mucho frío en invierno.
I get very cold in the winter.

No deberías salir con el frío que
hace.
You shouldn't go out in this cold.

El tiempo se está volviendo un poco
más frío.
The weather is getting a bit colder.

FRONTERA

Cruzamos la frontera francesa.
We crossed the border into France.

FROTARSE

Se frotó las manos.
He rubbed his hands.

FUEGO

Dame fuego.
Give me a light.

¿Tienes fuego?
Have you a light?

Prendieron fuego a la basura.
They set fire to the rubbish.

El chalet se prendió fuego mientras
estaban fuera.
*The bungalow caught fire while they
were away.*

Prendieron fuego a la casa.
They set the house on fire.

La lana se prendió fuego.
The wool caught fire.

El fuego ardía vivamente.
The fire was burning brightly.

FUERA

Estuvo fuera mucho tiempo.
He was away for a long time.

Liz está fuera en el jardín.
Liz is out in the garden.

¡Fuera de aquí!
Away with you!

El coche no parece tan mal desde
fuera.
*The car doesn't look too bad from
the outside.*

FUERTE

¡Pega fuerte!
Hit hard!

¡Sujétate fuerte!
Hold tight!

FUERZA

No tengo bastante fuerza para
levantar este baúl.
*I'm not strong enough to lift this
trunk.*

FUGITIVO

Es un fugitivo de la justicia.
He's a fugitive from justice.

FUMAR

¿Quieres fumar?
Will you have a smoke?

George fuma en pipa.
George smokes a pipe.

FUNCIONAR

La máquina no funciona.
The machine is out of order.

¿Puedes hacer funcionar la
máquina?
Can you make the machine go?

La máquina no funciona bien.
The machine isn't working properly.

¿Cómo funciona la fotocopiadora?
How does the photocopier work?

FUTBOL

El domingo voy al fútbol.
*I'm going to a football match next
Sunday.*

G

GALOPAR

El caballo empezó a galopar.
The horse broke into a gallop.

GANA

Lo haré cuando tenga gana.
I'll do it when the mood takes me.

GANAR

¿Qué equipo ganó?
Which side won the game?

Te has ganado un beso.
You've earned a kiss.

Los aliados ganaron.
The allies won the victory.

Me ganó al ajedrez.
He beat me at chess.

He ganado 90 libras en las quinielas.
I've won £90 in a football pool.

Nos ganó 20 libras a las cartas.
He won 20 pounds from us at cards.

GANARSE

¿Qué hace para ganarse la vida?
What does he do for a living?

Tiene que trabajar mucho para
ganarse la vida.
*He's got to work hard to make a
living.*

GANAS

No tengo ganas de bromas.
I am in no mood for joking.

Dorothy se muere de ganas por ir al
cine.
Dorothy is dying to go to the cinema.

Tengo muchas ganas de conocerles.
I'm anxious to meet them.

Eve tenía muchas ganas de ir a
Roma.
Eve longed to go to Rome.

Mi hermano no tiene ganas de ir al
teatro.
*My brother doesn' t feel like going to
the theatre.*

No tengo ganas de hacer nada hoy.
I don't feel like doing anything today.

GASTAR

¿Cuánto aceite gasta tu coche?
How much oil does your car use?

Hemos gastado toda la tinta que
teníamos.
We've used up all the ink we had.

El coche de Pete gasta un litro cada
30 kilómetros.
*Pete's car does 30 kilometres to the
litre.*

Gasto el 8 en zapatos.
I take size 8 in shoes.

La televisión gasta muy poca
electricidad.
*The television set uses very little
electricity.*

GASTARSE

Se gastaron el dinero en nosotros.
They spent the money on us.

Se gastaron el dinero en ropa.
They spent the money on clothes.

Se gastaron el dinero en viajar.
They spent the money on travelling.

GENIO

Will tiene un genio terrible.
Will has a fearful temper.

GENTE

La plaza se estaba llenando de
gente.
The square was getting crowded.

GIRAR

Gira el pomo a la derecha.
Turn the knob to the right.

GOLPE

Me di un golpe.
I bumped myself.

Me di un golpe en el dedo cuando
clavé el clavo.
*I hit my finger when I hammered in
the nail.*

Cerró la puerta de golpe y salió.
*He slammed the door and walked
out.*

GOLPEAR

Golpeó el mostrador con la mano.
He struck his hand on the counter.

Golpeó la puerta.
He banged on the door.

GOLPEARSE

Me golpeé la rodilla con la mesa.
I bumped my knee against the table.

La anciana se cayó y se golpeó la cabeza.
The old woman fell down and hit her head.

GOTEAR

Ese cubo gotea.
That bucket has a leak in it.

El agua me goteaba por el cuello.
The water dripped down my neck.

La brocha gotea.
The brush is dripping.

GOTERAS

El techo tiene goteras.
The roof is leaking.

GRACIA

No veo que tenga gracia.
I don't see the fun of it. / I don't know what's so funny.

No tiene gracia.
It's not amusing.

GRACIAS

Gracias por el libro.
Thanks for the book.

Gracias por la fiesta.
Thank you for a very nice party.

Gracias por venir.
Thank you for coming.

Gracias a Dios que no ha venido.
Thank goodness he hasn't come.

Lucy nos dio las gracias cortésmente.
Lucy thanked us politely.

Da las gracias a Carrie.
Say thank you to Carrie.

Gracias a tu ayuda tuvieron éxito.
Thanks to your help they were successful.

GRANJA

Trabajan en una granja.
They work on a farm.

GRATIS

Lo haré gratis.
I'll do it for free.

GRAVE

No es nada grave.
It's nothing serious.

GRITAR

Betsy gritaba como una desesperada.
Betsy was crying like anything.

Los dos chicos empezaron a gritarse.
The two boys began to shout at each other.

¡No me grites!
Don't shout at me!

Pete gritó: ¡Adiós!
Pete called out, Good-bye!

El hombre que se ahogaba gritó pidiendo ayuda.
The drowning man screamed for help.

GUARDAR

Guárdame el asiento.
Keep this seat for me. / Keep me this seat.

¿Quieres guardarme el sitio, por favor?
Will you mind my seat, please?

GUERRA

Estalló la guerra.
War broke out.

Dennis fue a la guerra.
Dennis fought the war.

Un soldado defiende a su país si hay guerra.
A soldier defends his country if there is a war.

GUSTAR

No me gusta que vayas allí.
I don't like your going there.

No me gusta mucho ir allí.
I don't much like going there.

No me gusta quedarme aquí.
I dislike staying here. / I don't like staying here.

¿Te gusta nadar?
Are you fond of swimming? / Do you like swimming?

Tanto como si te gusta como si no.
Whether you like it or not.

¿Te gustó el partido?
Did you enjoy the match?

Así es como me gusta.
That's just the way I like it.

GUSTO

El pescado no fue en absoluto de su gusto.
The fish was not at all to his liking.

Jane tiene muy buen gusto.
Jane has a wonderful taste.

Lo haré con gusto.
I'll do it with pleasure.

H

HABER

Los zapatos estaban desgastados, como si se hubieran usado mucho.
The shoes were scuffed, as if from much use.

Miré por la habitación pero no había señal de que hubiese entrado ningún ladrón.
I looked about the room but there was no sign of any thief having entered.

Si ellos no se van a preocupar por eso ¿por qué lo habríamos de hacer nosotros?
If they aren't going to bother about that, why should we?

HABILIDAD

John tiene mucha habilidad para acertar adivinanzas.
John shows a lot of skill at guessing riddles. / John is very good at guessing riddles.

HABLAR

Sólo puedo hablar por mí mismo.
I can only speak for myself.

Hable más alto.
Speak louder.

Hablaron mal de Bob.
They said something against Bob.

¿Puedo hablar contigo después?
*Can I have a word with you
    afterwards?*

Me habló de los errores que había
    cometido.
*He told me of the mistakes he had
    made.*

¿Es John Wilson? – Al habla.
Is that John Wilson? – Speaking.

Quiero hablar con usted en privado.
I want to speak to you privately.

Hablaron de cosas variadas.
They talked of this and that.

¿Has oído hablar de Bach?
Have you heard of Bach?

Comenzaron a hablar entre sí.
They began to talk to each other.

No me hables.
Don't talk to me.

Háblame en inglés.
Speak to me in English.

¡Habla de una vez!
Out with it!

¡Ni hablar!
Nothing of the sort!

Está hablando con Edward.
He's speaking to Edward.

No hablamos mucho.
We didn't do much talking.

Habla un inglés malo.
He speaks bad English.

¿Dónde se habla mejor el inglés?
Where is the best English spoken?

Ann habla por hablar.
Ann speaks for the sake of speaking.

¿Por qué no hablas en alemán?
Why don't you speak in German?

No hablemos de ello.
*Don't let's talk about it. / Let's not talk
    about it.*

HABLARSE

Ellos no se hablan.
They aren't on speaking terms.

HACE

¿Cuánto tiempo hace que le viste
    por última vez?
*How long is it since you saw him
    last? / How long is it since you
    last saw him?*

Hace dos años que le vi por última
    vez.
*It's two years since I saw him last. /
    It's two years since I last saw
    him.*

¿Cuánto tiempo hace que estuviste
    en España?

How long ago were you in Spain?

Estuve en España hace un año.
I was in Spain a year ago.

Hoy hace dos años que se fue a
    Roma.
*It's two years ago today that he went
    to Rome.*

¿Cuánto tiempo hace de eso?
How long ago was that?

Hace dos horas que estoy aquí.
I've been here for two hours.

Hace dos horas que vine.
*I came two hours ago. / It's two
    hours since I came.*

Hace mucho tiempo que estuve
    aquí.
*I was here a long time ago. / It's a
    long time since I was here.*

Hace mucho tiempo que han dado
    las cuatro.
It's long past four.

Hace más de un mes que Ruth nos
    escribió por última vez.
*It's over a month since Ruth last
    wrote to us.*

¿Hace mucho tiempo que vives
    aquí?
Have you lived here long?

Hace 20 años que vivo aquí.
I've lived here for 20 years.

Hace una semana que llueve.
It has been raining for a week.

¿Cuánto tiempo hace que tienes
    este reloj?
How long have you had this watch?

Hoy hace exactamente un mes que
    nos casamos.
*Today we've been married exactly a
    month.*

Hace poco más de un año que vino
    de Inglaterra.
*It's a little over a year since he came
    from England.*

¿Qué tal tiempo hace en España?
What's the weather like in Spain?

Hace calor.
It's hot.

Hace un día de lluvia.
It's wet.

Hace viento.
It's windy.

Hace sol.
It's sunny.

HACER

Tengo que hacer.
I have work to do.

Le hice trabajar mucho.
I made him work hard.

El profesor trata de hacernos hablar
    en inglés.
*The teacher tries to get us to speak
    in English.*

¿Cómo haces hablar a los alumnos?
*How do you get your students to
    speak?*

Por eso es por lo que le hice venir
    aquí.
That's why I got him to come here.

Haznos un pastel.
*Make us a cake. / Make a cake
    for us.*

Así no se hace.
That's the wrong way to do it.

Haré todo lo que pueda.
I'll do my best.

Está haciendo una mesa de madera.
He's making a table out of wood.

¿Qué te hizo Kitty?
What did Kitty do to you?

Molly hizo esta falda de un vestido
    viejo.
*Molly made this skirt out of an old
    dress.*

No me hagas esperar.
Don't keep me waiting.

Una pistola hace "¡pun!"
A gun goes "bang!"

Hice mi ejercicio bien.
I got my exercise right.

Ian tuvo éxito, pero hizo lo que pudo.
*Ian did not succeed, but he did his
    best.*

¿Qué te hace pensar así?
What makes you think so?

No le hizo daño, ¿verdad?
It didn't harm him, did it?

Hazlo por mí.
Do it for my sake.

Hace falta una alfombra en esta
    habitación.
A carpet is needed in this room.

HACERSE

Se hizo médico.
He became a doctor.

Se hizo una mujer.
She grew into a woman.

Se hizo realidad.
It became a reality.

El vino se hace de las uvas.
Wine is made from grapes.

Con las uvas se hace el vino.
Grapes are used for making wine.

HACIA

Esta puerta se abre hacia dentro.
This door opens inwards.

Corrió derecho hacia la casa.
He ran straight towards the house.

El detective tomó un avión y voló
    hacia el norte.
*The detective took a plane and flew
    north.*

HAMBRE

Los pollos se murieron de hambre.
*The chickens died from starvation. /
    The chickens died of starvation.*

Si no consigo un trabajo pronto,
    podría pasar hambre.
*If I don't get a job soon, I might go
    hungry.*

HARTARSE

Me estoy hartando de esto.
I'm getting fed up with this.

Me estoy hartando de escribir cartas.
I'm getting fed up with writing letters.

HARTO

Estoy harto de esto.
I'm fed up with this.

Este reloj me tiene harto.
I'm sick of this watch.

HASTA

No he visto películas buenas hasta
  ahora.
I haven't seen any good films so far.

Se caló el sombrero hasta las orejas.
He pulled his hat over his ears.

Adiós, hasta mañana.
Goodbye, I'll see you tomorrow.

He leído la novela hasta la página 9.
I've read the novel up to page 9.

No hables hasta que te lo diga.
Don't speak until I tell you to.

Puedes pedir hasta 600 libras por
  este coche.
*You can ask up to 600 pounds for
  this car.*

Hasta aquí la historia es verdad.
So far the story is true.

Contaré hasta 20.
I'll count up to 20.

Vayamos y volvamos nadando hasta
  aquella roca.

Let's swim to that rock and back.

Hasta pronto.
See you soon.

Hasta la próxima semana.
See you next week.

Lee desde el principio hasta: "Tom
  llegó a casa".
*Read from the beginning to: "Tom
  arrived home".*

Hay estantes desde el suelo al
  techo.
*There are book-shelves from the
  floor to the ceiling.*

La comida no estará lista hasta
  dentro de unos minutos.
*Lunch will not be ready for some
  minutes.*

Habrá hasta 50 personas en la
  fiesta.
*There will be up to 50 people at the
  party.*

Son las diez y hasta ahora no hemos
  hecho nada.
*It's ten o'clock and up to now we
  have done nothing.*

Sigue leyendo hasta el final de la
  página.
Read on to the end of the page.

HAY

¿Qué hay de cena hoy?
What's for dinner today?

¿Qué hay en el cajón?
*What is in the drawer? / What is
  there in the drawer?*

¿Qué hay de Stephen?
Any news of Stephen? / Any news about Stephen?

De las dos a las tres hay una hora.
From two o'clock to three o'clock is one hour.

De las cinco a las diez hay cinco horas.
From five o'clock to ten o'clock is five hours.

No hay por qué preocuparse.
There's no need to worry.

¿Hay prisa?
Is there any hurry?

Hay una mesa y varias sillas.
There is a table and several chairs.

Hay dos millas desde la casa.
It is two miles from the house.

No hay entradas.
We have sold out.

No hay ningún sombrero en la percha.
There's no hat on the hook.

¿Qué hay que hacer?
What is to be done?

No hay que venir mañana.
We needn't come tomorrow.

Hay que pintar la puerta.
The door needs painting.

Hay tantas cosas que hacer.
There are such a lot of things to do.

Hay que afilar el cuchillo.
The knife must be sharpened.

HECHO

Este sombrero está hecho de cuero.
This hat is made of leather.

De hecho no los vi cruzar la calle.
I didn't actually see them cross the street.

HELADO

El río estaba totalmente helado.
The river was all frozen over.

Debes de estar helado.
You must be freezing.

HELAR

El agua se solidifica cuando hiela.
Water goes solid when it freezes.

HELARSE

El agua se heló.
The water froze.

El agua se hiela cuando hace frío.
Water freezes when it is cold.

HEREDAR

Heredé este dinero de mi padre.
I inherited this money from my father.

Mi primo John acaba de heredar una fortuna.
My cousin John has just come into a fortune.

HERIR

Peggy se hirió.
Peggy hurt herself. / Peggy got hurt. / Peggy injured herself.

HIJO

Es hijo único.
He is an only child.

HILO

Su vida pende de un hilo.
His life hangs by a thread.

HIPO

Lizzy aún tiene hipo.
Lizzy still has hiccoughs.

HISTORIA

La historia se repite una vez más.
*History is being repeated (all) over
   again. / History is repeating itself
   once more.*

HOGAR

Mucha gente se quedó sin hogar.
Many people were made homeless.

HOMBRE

Todos lo hicieron como un solo
   hombre.
They all did it as one man.

Todos ellos fueron fieles hasta el
   último hombre.
They were all faithful to the last.

HOMBROS

Joe se encogió de hombros.
Joe shrugged his shoulders.

Ponte el abrigo sobre los hombros.
Put your coat over your shoulders.

Le llevaron a hombros.
He was carried shoulder-high.

Mi padre solía subirme sobre sus
   hombros.
*My father used to lift me up on his
   shoulders.*

HONORARIOS

¿Cuáles son sus honorarios, doctor?
*What's your fee, doctor? / How much
   is the fee, doctor?*

HONRA

A mucha honra.
I'm proud of it.

HORA

Es la hora.
Time is up.

Pregúntale la hora.
Ask him the time.

¿Tiene usted hora?
Have you got the time?

¿Qué hora tienes?
What time do you make it?

Es hora de que me vaya.
*It's time for me to leave. / It's time I
   left.*

Ya es hora de que lo hagas.
*It's high time you did it. / It's about
   time you did it.*

Ven a cualquier hora menos a las
   cuatro.
Come any time except four.

¡Ya era hora!
About time too!

Es la hora de que se pinte esta
   habitación.
It's time this room was painted.

¿A qué hora fue eso?
What time was that?

¿Cuál es la hora exacta?
What is the exact time?

¿Desde qué hora a qué hora?
From what time to what time?

Tuve que poner el reloj en hora a
   ojo.
I had to set the watch by guess work.

Esperé a que el reloj diera la hora.
I waited for the clock to strike.

HORAS
Las horas pasaron volando.
The hours raced by.

Le pagan por horas.
*He is paid by the hour. / He gets paid
   by the hour.*

Trabajaron horas extras.
They worked overtime.

HOSPITAL
Le llevaron al hospital.
He was taken to hospital.

Estuvo en el hospital dos semanas.
He was in hospital for two weeks.

Sería mejor que fueras al hospital.
You'd better go into hospital.

Acaba de salir del hospital.
He's just come out of hospital.

HOY
Hoy es lunes.
*Today is Monday. / It's Monday
   today.*

La semana que viene, tal día como
   hoy, es sábado.
*This time next week it will be
   Saturday.*

Hoy es el 1 de agosto.
It's the first of August today.

Aún no he leído el periódico de hoy.
I haven't read today's newspaper yet.

HUELGA
Los mineros se pusieron en huelga
   ayer.
The miners went on strike yesterday.

Hacen huelga para pedir aumento de
   sueldo.
They are striking for higher pay.

HUESOS
Se caló hasta los huesos.
He got soaked to the skin.

HUMO
La atmósfera de esta habitación está
   llena de humo.
*The atmosphere in this room is very
   smoky.*

HUNDIRSE
Vi hundirse al transatlántico.
*I watched the liner sink. / I watched
   the liner go under.*

Un torpedo alcanzó al crucero y éste
   se hundió.
*A torpedo hit the cruiser and she was
   sent under.*

El tejado de la casa se hundió hace
   una hora.
*The roof of the house fell in an hour
   ago.*

I

IDEA
No me gusta la idea de ir allí.
I don't like the idea of going there.

No tengo la más ligera idea.
I haven't the slightest idea.

IDEAS
Es un hombre con ideas propias.
He is a man with ideas of his own.

IDENTICO
Este es idéntico al ejemplo anterior.
This is identical to the previous example.

IDIOMA
El inglés es como un segundo idioma para mí.
English is like a second language to me.

IDIOTA
No seas idiota.
Don't be an idiot.

IGUAL
Ann trata a todos sus hijos por igual.
Ann treats all her children alike.

Este bastón es igual de fuerte.
This stick is just as strong.

Me da igual morir ahogado que de hambre.
I might as well drown as starve.

B es igual a C.
B equals C.

Me da igual.
It's the same to me. / It's all one to me.

Si te da igual, iré a buscarlo.
If it's all the same to you, I'll go and fetch it.

IGUALES
¡Quince iguales! (en el tenis).
Fifteen all!

Son los dos iguales.
They are both alike.

IGUALMENTE
¡Que tengas buen viaje!
   -¡Igualmente!
Have a good journey! -You too!.

¡Buena suerte! -¡Igualmente!
Good luck! -The same to you!

ILESO
Salió ileso del accidente.
He escaped being hurt in the accident.

ILUMINADO
Todo el palacio estaba iluminado.
The palace was all lit up.

IMAGINARSE
¡Imagínate!
Just think!

IMITACION
Ned hizo la imitación del canto de un ruiseñor.
Ned gave an imitation of the song of a nightingale.

IMITACIONES

Cuidado con las imitaciones.
Beware of imitations.

IMPEDIR

Nos impidieron que viniéramos.
We were prevented from coming.

La lluvia nos impidió salir.
The rain stopped us from going out.

¿Qué te impidió venir?
What kept you from coming?

La niebla les impedía ver algo.
The fog prevented them from seeing anything.

IMPORTANCIA

No tiene ninguna importancia.
It doesn't matter a bit.

El profesor lo dijo sin darle nada de importancia.
The teacher said it quite casually.

IMPORTANTISIMO

Es importantísimo.
It's highly important.

IMPORTAR

No importa.
Never mind.

No me importa.
I don't care.

¿Qué importa eso?
What does that matter?

A él no le importa.
He doesn't mind.

A ella no le importará.

She won't mind. / She will never mind.

No importa lo grande que sea el libro.
No matter how big the book is.

¡No te metas en lo que no te importa!
Mind your own business! / It's none of your business!

Le importa más la gloria que el dinero.
Glory matters more to him than money.

¿Te importa apartarte?
Do you mind moving?

¿Te importaría cerrar la puerta?
Would you mind closing the door?

¿Te importa si abro la ventana?
Do you mind if I open the window?

No me importaría vivir aquí.
I wouldn't mind living here.

¿Te importaría que no viniera el sábado?
Would you mind if I did not come on Saturday?

¿Te importa no hablar tan alto?
Do you mind not speaking quite so loud?

A Betty no le importa que fume.
Betty doesn't mind if I smoke.

No importa lo que haga por ella; nunca es bastante.
No matter what I do for her; it's never enough.

No me importa la nieve pero no me
gusta la lluvia.
I don't mind snow but I don't like rain.

La cuenta no importó mucho.
The bill didn't amount to much.

No me importa tu opinión.
Your opinion doesn't matter to me.

Lo que importa es ganar tanto dinero
como sea posible.
*What counts is earning as much
money as possible.*

IMPOSIBILITADO
Mi hermano Robert está
imposibilitado.
My brother Robert is a cripple.

IMPOSIBLE
Me es imposible hacerlo.
I cannot possibly do it.

IMPRESION
Tengo la impresión de que no soy
bienvenido aquí.
*I get the impression that I'm not
welcome here.*

IMPRESIONAR
Aquello me impresionó más que
nada.
*That impressed me more than
anything else.*

Su belleza me impresionó.
I was struck by her beauty.

INCLINAR
Inclinó la cabeza ante él.
He bowed his head before him.

INCLINARSE
Se inclinó sobre la mesa.
She bent over the table.

INCORPORARSE
Mi hermana Molly se incorporó en la
cama.
My sister Molly sat up in bed.

INCREIBLE
¡Eso es casi increíble!
That's almost beyond belief!

INCRUSTADOS
Pam tenía una sortija con diamantes
incrustados en oro.
*Pam had a ring with diamonds set in
gold.*

INCUMBIR
No me incumbe.
*It isn't my affair. / It's no business of
mine.*

INDEPENDIENTES
Son independientes uno de otro.
*They are independent of one
another.*

INDIGNACION
Su indignación por la noticia fue
terrible.
His anger at the news was terrible.

INFLAR
Voy a inflar los neumáticos de la
bicicleta.
*I'm going to pump up the bicycle
tyres.*

Inflé el balón.
I blew up the football.

INFLUIR

Esto no influirá en nuestras relaciones.
This will make no difference to our relationship.

INFORMACION

Me gustaría más información sobre ello.
I'd like further information about it.

Esa es una información muy interesante.
That's a very interesting piece of information.

Envíeme más información sobre España.
Send me some more information about Spain.

INFRINGIR

Infringió la ley y fue a la cárcel.
He broke the law and went to prison.

INGLES

Sabe inglés muy bien.
He knows English very well.

INGRESAR

Le ingresaron en el hospital para hacerle pruebas.
He went into hospital for tests.

INIGUALABLE

La calidad de este producto es inigualable.
The quality of this product is unequalled.

INJUSTAMENTE

Ha sido acusado injustamente.
He has been wrongly accused.

INSINUAR

Me insinuó que vendría pronto.
He hinted to me that he would come soon.

INSISTIR

Insisto en que vengas el lunes.
I insist you come on Monday. / I insist that you come on Monday.

Insistió en que lo hiciérais perfectamente.
He insisted you did it perfectly. / He insisted that you did it perfectly.

Insistí en que ella viniera.
I insisted on her coming.

INSULTAR

Freddie me insultó.
Freddie called me a dirty name.

INTEMPERIE

Tuve que pasar la noche a la intemperie.
I had to spend the night out in the open.

INTENCION

Tengo la intención de quedarme aquí.
I intend to stay here. / I have the intention of staying here.

Tengo la intención de tomar unas clases de inglés.
I plan to take English lessons.

La intención es lo que cuenta.
It's the thought that counts.

INTENTAR

Intenté por primera vez jugar al ajedrez hace dos años.

I made my first attempt at playing
   chess two years ago.

Deberías intentar memorizar las
   palabras.
*You should attempt to memorize the
   words.*

¡Inténtalo!
Have a try at it!

INTENTO
¡Haz otro intento!
One more try!

INTERES
Ian no muestra ningún interés en
   hacerlo.
Ian shows no interest in doing it.

Tenía interés en verles.
I was interested to see them.

Andy tiene interés por el tenis.
Andy is interested in tennis.

Tengo interés en que vengas con
   nosotros.
*I am keen for you to come with us. /
   I am anxious for you to come
   with us.*

He leído la novela con mucho
   interés.
*I've read the novel with great
   interest.*

Pon algo de interés en ello.
Put some life into it.

INTERESADO
Está interesado en ir al extranjero.
He is very keen to go abroad.

INTERESANTE
Este libro es muy interesante de leer.
This book is very interesting to read.

INTERESAR
Eso no me interesa.
*That's not my business. / That
   doesn't concern me.*

Solamente le interesa el dinero.
He only takes an interest in money.

La novela me interesaba cada vez
   más.
*I was more and more interested in
   the novel.*

A Thomas le interesa mucho la
   música.
*Thomas is very interested in music. /
   Thomas is very keen on music.*

Este libro interesa mucho a los
   profesores.
*This book is of great interest to
   teachers.*

¿Qué es lo que te interesa?
What are you interested in?

Me interesa la literatura.
I'm interested in literature.

¿Qué te interesa aprender?
What are you interested in learning?

Me interesa aprender a tocar el
   piano.
*I'm interested in learning to play the
   piano.*

¿Qué deportes te interesan?
Which sports interest you?

INTERPRETE

Hablaremos con ella por medio del intérprete.
We'll talk to her through the interpreter.

No hablo francés. ¿Quieres hacerme de intérprete, por favor?
I don't speak French. Will you interpret for me, please?

INTERRUMPIR

Siento interrumpir.
I'm sorry to break in.

Joan me interrumpió cuando yo estaba hablando.
Joan interrupted me while I was talking.

Aquí no nos interrumpirán.
Here we'll be safe from interruption.

El profesor empezó a hablar pero Tommy le interrumpió.
The teacher began to speak but Tommy cut him short.

Nick siempre interrumpe cuando estoy hablando.
Nick always cuts in when I'm speaking. / Nick always breaks in when I'm speaking.

INTERVENIR

Ahí es donde intervienes.
That's where you come in.

INTRODUCIR

Me introdujeron en una sala de espera.
I was shown into a waiting-room.

INVALIDO

Robert está inválido.
Robert is an invalid.

INVENTARSE

Jim se inventó la historia.
Jim made up the story.

INVIERNO

El invierno ha sido bastante bueno.
The winter has been rather mild.

INVITACION

Gracias por tu invitación a la fiesta.
Thank you for a very nice party.

INVITAR

Me invitó a almorzar con él.
He invited me to have lunch with him.

Les invité a entrar.
I invited them in.

Te invito a una cerveza.
I'll invite you for a beer.

Nos invitaron a cenar.
They invited us to dinner.

¿Has invitado a Dolly al baile?
Have you invited Dolly to the dance?

Anne no me invitó a su boda.
Anne didn't ask me to her wedding.

Tomemos otra bebida; yo invito.
Let's have another drink; I'm buying this one.

INUTIL

Es inútil que le hables en inglés.
It's no use your speaking to him in English.

Es inútil ir ahora.
It's no use going now.

Soy un inútil para esto.
I'm a perfect fool at this sort of thing.

IR

No fue a la oficina ayer.
He stayed away from the office yesterday.

Ve a buscar el libro.
Go and fetch the book.

Este vestido te va bien.
This dress becomes you.

¿Cómo va eso?
How's it going?

¿Cómo te va con el inglés?
How are you getting on with your English? / How's your English getting on?

¿Cómo te va?
How are you getting on?

¿Quién va?
Who's there?

El verde no va bien con el azul.
Green and blue don't match. / Green doesn't go with blue.

A eso iba.
I was coming to that.

¡Qué bien va este coche!
How well this car runs!

Este sombrero va bien con tu vestido.
This hat goes with your dress. / This hat matches your dress.

Iré a tu oficina a las dos.
I'll come to your office at two o'clock.

Vaya por la derecha.
Keep to the right.

Siempre voy en coche a la oficina.
I always drive to the office.

No sé por dónde iba en la historia.
I don't know where I was in the story.

Hay una carretera que va al pueblo.
There's a road leading to the village.

La máquina no va.
The machine isn't working.

Iré andando contigo a correos.
I'll walk round to the post office with you.

Aún no he ido a verles.
I haven't been to see them yet.

Tengo tanto trabajo que no puedo ir al concierto contigo.
I have so much work to do that I can't come to the concert with you.

¿Vas andando a casa?
Do you walk home?

A menudo voy en bicicleta.
I often go on my bicycle.

Si le ves por casualidad, dile que iré el domingo.
If you should see him, tell him I'll come on Sunday.

¡Camarero! -Voy, señor.
Waiter! -Coming, sir.

Siempre va y viene de la oficina en
  coche.
*He always drives to the office and
  back.*

Voy al cine con Luke y Jean.
*I'm going to the cinema with Luke
  and Jean.*

¿Puede decirme cómo ir al parque?
Can you tell me the way to the park?

IRRUMPIR

Los niños irrumpieron en la
  habitación.
The children burst into the room.

IRSE

Jack y Peter se han ido al cine con
  sus amigos.
*Jack and Peter have gone to the
  cinema with their friends.*

J

JACTARSE

Se jacta de eso.
That is his boast.

Hugh se jactaba de que lo había
  ganado.
Hugh boasted that he had won it.

Avila se jacta de tener una muralla
  impresionante.
Avila boasts an impressive wall.

JALEO

¡No armes tanto jaleo!
Don't make such a fuss!

JAMAS

Este es el cuadro más bonito que
  jamás he visto.
*This is the prettiest picture I have
  ever seen.*

Fue el error mayor que jamás
  cometió en su vida.
*It was the greatest mistake he ever
  made in his life.*

JOYAS

Quiero comprar un reloj y algunas
  joyas.
*I want to buy a watch and some
  jewellery.*

JUEGO

¡Hagan juego!
Place your bets!

JUGAR

Los chicos jugaban a los médicos.
*The boys played at being doctors. /
  The boys played at doctors.*

¿Jugamos a las cartas?
*Shall we play cards? / Shall we have
  a game of cards?*

Juguemos al escondite.
Let's play hide-and-seek.

Alguna gente juega a la ruleta en los
  casinos.
*Some people play roulette in
  casinos.*

¿A qué te gustaría jugar?
What would you like to play?

No juegues con la pistola; puede
   estar cargada.
*Don't play about with the gun; it may
   be loaded. / Don't mess around
   with the gun; it may be loaded.*

JUICIO

El no está en su sano juicio.
He is not in his right mind.

JUNTO

Están de pie junto a la puerta.
They are standing at the door.

JUNTOS

Roger y Nora estaban sentados
   juntos.
*Roger and Nora were sitting close
   together.*

Comamos juntos hoy.
Let's meet for dinner today.

JURAR

Te juro que no lo hice.
I swear to you that I didn't do it.

Juraría haber oído el timbre de la
   puerta.
*I could have sworn I heard the
   doorbell.*

Creo que vi a Harry pero no lo
   juraría.
*I've got an idea that I saw Harry but I
   would not swear to it.*

JUSTAMENTE

Stratford está justamente en el
   centro de Inglaterra.
*Stratford is right in the centre of
   England.*

¡Justamente es eso!
That's just it!

JUSTO

¡Justo lo que yo estaba pensando!
Just what I was thinking!

Fue más justo con sus enemigos
   que con sus amigos.
*He was more just to his enemies
   than to his friends.*

Es justo lo que quería.
It's just what I wanted.

No es justo tener que trabajar
   mañana.
It's not fair to have to work tomorrow.

JUZGAR

Nunca se debe juzgar por las
   apariencias.
*You must never judge by
   appearances.*

K

KILOMETROS

Viven a cinco kilómetros del mar.
*They live five kilometres from the
   sea.*

Madrid está sólo a unos kilómetros.
Madrid is only a few kilometres.

¿Cuántos kilómetros hay hasta
   Madrid?
How many kilometres is it to Madrid?

El coche iba a sesenta kilómetros
   por hora.
*The car was going at sixty kilometres
   an hour.*

L

LA

Estas flores cuestan dos libras la
   docena.
*These flowers cost two pounds a
   dozen.*

LA DE

El área de Francia es más grande
   que la de Suiza.
*The area of France is greater than
   that of Switzerland.*

LADO

Estaban de pie uno al lado del otro.
They were standing side by side.

La parada del autobús está al otro
   lado de la calle.
The bus-stop is across the street.

La cuchara está al lado del plato.
The spoon is at the side of the plate.

Al lado de nosotros vive un médico.
A doctor lives next door to us.

El Japón se puso al lado de
   Alemania.
Japan sided with Germany.

No se puede aparcar a este lado de
   la calzada.
*You can't park on this side of the
   road.*

Me llamó desde el otro lado de la
   calle.
*He called me from the other side of
   the street.*

Mira en el libro del compañero que
   tienes al lado.
*Look at the book of the student next
   to you.*

Rebecca movió la cabeza de un lado
   a otro.
*Rebecca shook her head from side
   to side.*

Hay árboles a cada lado de la calle.
*There are trees on each side of the
   street. / There are trees on both
   sides of the street.*

Alice estaba a mi lado.
Alice was at my side.

LADRAR

El perro ladraba al hombre.
The dog was barking at the man.

LADRON

¡Al ladrón!
Stop thief!

LAGRIMAS

Se deshizo en lágrimas.
She burst into tears.

Las lágrimas le corrían por las
   mejillas.
The tears trickled down her cheeks.

A la novia se le saltaron las lágrimas.
The bride got a little teary-eyed.

LAMENTAR

Es de lamentar.
It's to be regretted.

Lamento haberlo dicho.
I regret saying that.

LANZADO

Fui lanzado hacia adelante.
I was thrown forward.

LANZARSE

El perro se lanzó sobre el hombre.
*The dog rushed at the man. / The
dog leaped at the man.*

LAPIZ

No se deben escribir las cartas a
lápiz.
You must not write letters in pencil.

LARGARSE

Haz que se largue.
Send him away.

¡Lárgate!
Off with you!

¡Lárgate de aquí!
Be off out of here!

LASTIMA

¡Qué lastima!
What a pity! / Too bad!

LATA

Es una lata.
It's a bore.

¡Qué lata!
*What a nuisance! / What a bore! /
How annoying!*

LAVAR

Lo lavó bien.
He gave it a good wash.

LAVARSE

Preferiría lavarme las manos en este
asunto.
*I'd rather wash my hands of this
business.*

LECCION

Que eso sirva de lección.
Let that be a lesson to you.

Les di unas lecciones de inglés.
I gave them some lessons in English.

Damos una lección a la semana.
We're having a lesson a week.

LEER

Sarah leyó el párrafo en voz alta a la
clase.
*Sarah read out the passage to the
class.*

He leído mucho sobre Roma.
I've read a lot about Rome.

Léenos la carta.
*Read us the letter. / Read the letter
to us.*

Janet ha leído mucho.
Janet is well read.

Esa novela es muy leída.
That novel is widely read.

Lo leyó en voz alta.
She read it aloud.

¿Te lo leo?
Shall I read it to you?

Nancy pidió a su madre que le
    leyese algo.
*Nancy asked her mother to read to
    her.*

LEJOS

Tienes que mirarlo desde lejos.
*You have to look at it from a long
    way off.*

¿Vas lejos?
Are you going far?

Voy lejos.
I'm going a long way.

No voy lejos.
I'm not going far.

Perdone, ¿dónde está correos?
    – Está muy lejos.
*Excuse me, where is the post-office?
    – It's a long way.*

Dick es el que lanza la pelota más
    lejos.
*Dick can throw the ball the farthest
    distance.*

Bill está muy lejos de ser un buen
    conductor.
*Bill is very far from being a good
    driver.*

Barcelona está lejos.
*Barcelona is a long way away. /
    Barcelona is a long way off.*

Barcelona no está lejos.
*Barcelona isn't far off. / Barcelona
    isn't far away.*

Mi casa está lejos de la carretera.
*My house is a long way from the
    road.*

Ella vive bastante lejos de aquí.
She lives quite a long way from here.

El ruido se oyó desde lejos.
*The noise was heard a long way
    away. / The noise was heard a
    long way off.*

Estamos lejos de Londres.
We are a long way from London.

Mike irá lejos (progresará).
Mike will go far.

La estación más cercana está muy
    lejos de aquí.
*It's a long way from here to the
    nearest station.*

LENGUA

Lo tengo en la punta de la lengua.
It's on the tip of my tongue.

LETRA

Kate tiene una letra muy clara.
Kate writes in a very clear hand.

Robert no conoce la letra de esta
    canción.
*Robert doesn't know the words of
    this song.*

Esta letra es a treinta días vista.
*This bill falls due in thirty days. / This
    bill is due in a month.*

LETRAS

Escribe con letras mayúsculas.
Write in capital letters.

LEVANTADO

Agatha tiene el brazo levantado.
Agatha is holding up her arm.

Dick está levantado.
Dick is out of bed.

Está siempre levantado antes de las ocho.
He is always up before eight o'clock.

LEVANTAR

Levanta el capó del coche.
Put up the hood of the car.

Levantaremos las tiendas.
We'll put up our tents.

Will levantó el brazo derecho.
Will lifted his right arm.

Levanta la mano.
Put up your hand. / Hold up your hand.

No levantará un dedo para ayudarnos.
He won't raise a finger to help us.

Dolly levantó la caja del suelo.
Dolly lifted the box off the floor.

LEVANTARSE

Ayúdame a levantarme.
Help me up.

Se levantó del suelo.
He got up from the floor. / He picked himself up.

Se levantó (de una silla) para irse.
He got up to go.

Levántate cuando venga.
Stand up when she comes.

El profesor se levantó de la silla.
The teacher got up from his chair.

Por regla general se acuesta a las once y se levanta a las siete.
As a rule he is in bed at eleven and up at seven.

Se levantó a las nueve.
He got up at nine o'clock.

Se levantó de la cama.
He got out of bed.

Me levanté de la cama con el pie izquierdo.
I got out of bed on the wrong side.

LEY

Eso va contra la ley.
That's against the law.

LIBERTAD

Tiene usted libertad para cambiar lo que considere necesario.
You are at liberty to change whatever you consider necessary.

LIBRAR

Creo que puedo librarle de esa pesadilla sin dificultad.
I think I can rid you of that nightmare without difficulty.

LIBRARSE

A ver si me libro de ir allí.
I'll try to get out of going there.

No podemos librarnos de las hormigas del jardín.
We can't get rid of the ants in the garden.

LIBRE

Hoy tiene el día libre.
He has today off.

La semana pasada se tomó un día libre.
He took a day off last week.

Tengo la tarde libre.
I've got the afternoon off.

No hay ni un asiento libre.
There isn't a single empty seat.

Cuida niños los sábados que tiene libre.
She babysits on her Saturdays off.

No voy a clase; estudio por libre.
I don't go to classes; I work on my own.

Viene a ver a sus padres cuando tiene un fin de semana libre.
He comes to see his parents when he has a week-end free.

¿Tiene alguna habitación libre?
Have you any rooms vacant?

LICENCIARSE

Rachel se licenció el año pasado.
Rachel took her degree last year.

LIMITARSE

Tengo que limitarme a lo que dice el jefe.
I must keep to what the boss says.

LIMOSNA

¿Me da una limosna?
Can you spare a coin?

LIMPIAR

Límpialo todo.
Get it all cleaned up.

¿Querrías limpiarme los zapatos?
Would you give my shoes a clean?

Voy a limpiar la casa a fondo.
I'm going to give the house a good cleaning.

LIMPIARSE

Se limpió los pies en el felpudo.
He wiped his feet on the mat.

LINEA

Córtese por la línea de puntos.
Cut on the dotted line.

LIOS

Sam siempre anda metido en líos.
Sam is always getting into trouble.

LIQUIDAR

Liquidó sus deudas.
He paid off his debts.

LISTA

¿Pasaste lista?
Did you take the register?

Tu nombre no aparece en mi lista.
You are not down on my list.

Según decía la lista, los chicos contestaban.
At the roll call, the boys answered their names.

Haré una lista de las cosas.
I'll write out a list of the things.

LLAMADA

Hay una llamada telefónica para ti.
There's a telephone call for you.

Tengo que hacer una llamada
    telefónica.
I have to make a telephone call.

¿Ha habido alguna llamada
    telefónica para mí?
*Have there been any telephone
    messages for me?*

LLAMAR

Llamaron a la puerta y acudí.
*There was a ring at the door and I
    went to answer it.*

Volveré a llamar más tarde (por
    teléfono).
I'll ring back later.

¿Cómo se llama esa cosa?
What do you call that thing?

Llamaron a la puerta.
*There was a knock at the door. /
    There was a knock on the door.*

Llama a la criada con el timbre.
Ring for the maid.

Llamé a un taxi para ella.
*I called her a taxi. / I called a taxi for
    her.*

Llamé al chico por su nombre.
I called the boy's name.

Llámame a las ocho.
Call me at eight o'clock.

Llámame a este número.
Call me on this number.

Llama ahora al 911234567.
Call now on 911234567.

Nos llamó desde Roma.
He called us from Rome.

Llamaré a mi hermano por teléfono.
*I'll ring my brother. / I'll ring up my
    brother.*

Llamó a la puerta fuertemente.
He knocked loudly on the door.

Estaba leyendo el periódico cuando
    llamaron a la puerta.
*I was reading the paper when there
    came a knock on the door.*

Voy a llamar a casa.
I'm going to phone home.

Quiero que llames por teléfono al
    club.
I want you to call up the club.

Llámame a la oficina.
Ring me at the office.

Te llamaré por teléfono.
I'll give you a ring.

Alguien llamó a este número por
    error.
*Someone rang this number by
    mistake.*

LLAMARSE

¿Cómo se llama el hotel donde él se
    hospeda?
*What's the name of the hotel where
    he's staying?*

Le dije cómo me llamaba.
I told him my name.

¿Cómo dijiste que te llamabas?
What did you say your name was?

LLAVE

No sé qué llave es la apropiada.
I don't know what key fits. / I don't know which is the right key.

Esta es la llave de la biblioteca.
This is the key to the library.

Siempre guardo mis documentos bajo llave.
I always lock up my documents.

LLEGAR

Llegué a la oficina a las nueve.
I got to the office at nine o'clock. / I arrived at the office at nine o'clock.

No queremos llegar tarde al partido.
We don't want to be late for the match.

Los chicos llegaron a un río.
The boys came to a river.

El río llegaba hasta la cintura.
The river was waist high.

El avión acaba de llegar al aeropuerto de Londres.
The plane has just arrived at London airport.

Llegamos a Roma a la una.
We arrived in Rome at one o'clock. / We got to Rome at one o'clock.

¿A qué hora llegaste a casa?
At what time did you get home? / At what time did you arrive home?

Ella siempre llega temprano a clase.
She is always early for class.

Llegarás tarde a clase.
You'll be late for class.

¿Hasta qué página llegásteis?
Which page did you get up to?

Llegamos hasta la página 57 más o menos.
We got to about page 57.

Llegamos hasta aquí.
This is as far as we went.

Robert llegó media hora tarde.
Robert was half an hour late.

Levántate temprano y llegarás a tiempo al colegio.
Get up early and you will be in time for school.

Te llegará a gustar.
You will get to like it.

La carta llegó a mis manos.
The letter reached my hands. / The letter got into my hands.

Llegamos hasta la fuente.
We got as far as the fountain.

No llegó a ganar la carrera.
He failed to win the race.

Llegarás a saber inglés muy bien.
You will get to know English very well.

Llegó a ser muy importante.
He got to be very important.

¿Ha llegado Bob a una decisión?
Has Bob arrived at a decision?

No podemos esperar a que llegue el
próximo viernes.
*We can't wait for next Friday to
arrive.*

¿Cómo se llega a tu casa?
How do I get to your house?

LLENAR

Llena el vaso.
Fill up the glass.

No debes llenarlo del todo.
You mustn't fill it right up.

LLENO

El vaso estaba medio lleno.
The glass was half full.

El cine estaba lleno de gente.
*The cinema was crowded with
people.*

El suelo estaba lleno de juguetes.
There were toys all over the floor.

El vaso estaba lleno de vino.
The glass was full of wine.

LLEVAR

El hombre llevaba puestos unos
auriculares.
The man wore earphones.

Mary lleva gafas.
Mary wears glasses.

Susan lleva zapatos rojos.
Susan has red shoes on.

Liz lleva un vestido verde.
Liz is wearing a green dress.

Yo llevaba un paraguas.
I was carrying an umbrella.

Alfred llevaba un traje gris.
Alfred was dressed in a grey suit.

No llevaba nada en los pies.
He was wearing nothing on his feet.

Debes llevar el pasaporte en el
bolsillo por si te para la policía.
*You must keep your passport in your
pocket in case you get stopped
by the police.*

Lleva al chico allí.
Take the boy there.

Llévales a bailar.
Take them to a dance.

Lleva a los niños de paseo.
Take the children for a walk.

Lleva a los niños al parque.
Take the children to the park.

Esta noche te llevo a cenar.
I'm taking you out to dinner tonight.

Te llevaré en el coche.
I'll take you in the car.

Mi amigo Ian me llevó a casa en su
coche.
*My friend Ian drove me home in his
car.*

¿Te llevo en coche? –No, gracias,
puedo ir andando.
*Can I give you a lift? –No, thank you,
I can walk.*

La llevé en coche de vuelta a su
casa.
I drove her back to her house.

Le llevaron al hospital en una
ambulancia.
*He was taken to hospital by
ambulance.*

Llévale este paquete.
*Take him this parcel. / Take this
parcel to him.*

Te llevaré el cesto.
I'll carry the basket for you.

Lleva esta bandeja a esa mesa.
Carry this tray to that table.

No llevo mucho dinero encima.
I haven't much money on me.

El botones me llevó a mi habitación.
*The bell boy showed me up to my
room.*

Llevaré el reloj al relojero para que lo
arregle.
*I'll take the watch to the watchmaker
to be mended.*

Una cosa lleva a otra.
One thing leads to another.

Llevaré media libra de azúcar (en
una tienda).
I'll take half a pound of sugar.

¿Cuánto cuesta? –Cincuenta libras.
–Me lo llevo.
*How much is it? –Fifty pounds.
–I'll take it.*

¿Te llevó mucho tiempo traducir la
carta?
*Did it take you long to translate the
letter?*

Me llevará horas hacer este trabajo.
It will take me hours to do this work.

Me llevó mucho tiempo convencerle.
I took a long time to persuade him.

No llevará mucho tiempo.
It won't take long.

Me llevó más tiempo del que
pensaba.
It took me longer than I thought.

Lleva mucho tiempo aprender el
ruso.
It takes a long time to learn Russian.

LLEVARSE

Llévate el libro.
Take the book with you.

El ladrón se llevó mi bicicleta.
The thief took my bicycle.

Me llevo muy bien con él.
I get on with him very well.

¿Cómo te llevas con tu primo?
*How are you getting on with your
cousin?*

Ellos se han llevado siempre bien.
*They have always been friendly to
each other.*

Nos llevamos muy bien.
We're on very good terms. / We get along very well together.

¡Lleváosle!
Take him away!

LLORAR

La chica estaba a punto de llorar.
The girl was near to tears.

Penny se echó a llorar.
Penny burst into tears. / Penny broke into tears.

La obra hizo llorar al público.
The play drew tears from the audience.

LLOVER

Parece que va a llover.
It looks like rain.

Parece que va a llover hoy.
It looks as though it's going to rain today.

El lunes llovió mucho.
There was heavy rain last Monday.

Llueve a cántaros.
It's pouring with rain.

No salgas con lo que llueve.
Don't go out in all that rain.

LLUVIA

La lluvia cae sin cesar.
The rain falls steadily.

Me gusta pasear bajo la lluvia.
I like walking in the rain.

LO

Lo mejor sería ir.
The best plan would be to go.

Se debe combinar lo bonito con lo nuevo.
You must combine the beautiful with the new.

Joan me pidió que abriera la ventana y así lo hice.
Joan asked me to open the window and I did so.

Vengo por lo de la lavadora.
I've come about the washing machine.

LO QUE

No sé lo que hay en el sobre.
I don't know what's in the envelope.

Eso no es lo que pedí.
That isn't what I asked for.

Lo que tú quieras.
Anything to please you.

Hice lo que tenía que hacer.
I did what I had to do.

Lo que dijo era completamente cierto.
What he said was quite true.

LOCO

Se ha vuelto loco.
He has gone mad.

Está trabajando como un loco.
He is working like a madman.

El chico se volvió loco de alegría.
The boy went mad with joy.

¡Me estoy volviendo loco!
I'm going mad!

Está completamente loco.
He's out of his mind.

¿Te has vuelto loco?
Have you lost your senses?

Está loco por ella.
He's mad about her. / He's crazy about her.

LOCURA

La quiso con locura.
He loved her madly.

Eso es una locura.
That's madness.

LOGRAR

Por fin logró abrir la puerta.
At last he got the door open. / At last he succeeded in opening the door.

Lograré que firme el papel.
I'll get him to sign the paper.

LONGITUD

¿Cuál es la longitud de la mesa?
What's the length of the table? / How long is the table?

Mide dos metros de longitud.
It's two metres in length. / It's two metres long.

LOS

Los seis vienen esta tarde.
All six of them are coming this afternoon.

Les pago los lunes.
I pay them on Mondays.

No trabajo los sábados por la mañana.
I don't work on Saturday mornings.

Los cuatro viven aquí desde septiembre.
The four of them have lived here since September.

Los médicos tenemos que estudiar mucho.
We doctors have to study hard.

Los dos chicos llegaron tarde.
Both the boys came late. / The boys both came late.

LOS QUE

Arthur y Alice estaban entre los que esperaban en la estación.
Arthur and Alice were among those waiting at the station.

Los que quieran hablar deben levantarse.
Those who want to speak must stand up.

Los que estaban detrás gritaban a los de delante.
Those behind shouted at those in front.

LOTERIA

Le tocó la lotería.
He won the lottery.

LUCES

Todas las luces estaban encendidas.
All the lights were lit.

LUGAR

No sabemos quién ocupará el lugar
de Jack.
*We don't know who will take Jack's
place.*

LUJO

No pueden permitirse el lujo de unas
vacaciones.
They can't afford holidays.

No puedo permitirme el lujo de pagar
ese precio.
I can't afford to pay such a price.

Un coche grande es un lujo.
A big car is a luxury.

LUNA

Había luna.
There was a moon.

Vamos a París de luna de miel.
*We're going to Paris for our
honeymoon.*

LUZ

La luz está encendida.
The light is on.

La luz está apagada.
The light is out.

La luz se apagó.
The light went out.

La luz vino.
The light went on.

El cuadro fue robado a plena luz del
día.
*The picture was stolen in broad
daylight.*

M

MADRUGADA

Bill estuvo estudiando hasta la
madrugada.
Bill was studying till the small hours.

Era más de la una de la madrugada.
It was past one in the morning.

MAGIA

Los tres payasos desaparecieron
como por arte de magia.
*The three clowns disappeared like
magic.*

MAL

Hiciste mal en decir eso.
It was wrong of you to say that.

Este reloj va siempre mal.
This watch is always going wrong.

Salió mal.
It turned out badly.

Todo salió mal.
Everything went wrong.

Algo ha salido mal.
Something has gone wrong.

Cuando andamos mal de dinero, nos
pasamos sin galletas.
*When we're short of money, we do
without biscuits.*

No está mal.
Not bad.

¿Qué he hecho mal?
What have I done wrong?

Lo tomó a mal.
He took it badly.

Esta medicina sabe mal
This medicine tastes awful.

No están haciendo ningún mal.
They are not doing any harm.

MALGASTAR
No malgastes el dinero en lotería.
Don't waste your money on lottery tickets.

MALO
¿Qué tiene de malo ver la televisión?
What's wrong with watching television?

MANCHA
Esta mancha no sale.
This stain won't come off.

¿Se puede quitar esta mancha lavando con un detergente corriente?
Can this stain be washed out with ordinary detergent?

MANCHADO
El mantel está manchado de vino.
This table-cloth has a wine stain on it. / The table-cloth is stained with wine.

MANCHARSE
Esta tela se mancha enseguida.
This cloth stains easily.

Te estás manchando las manos de tinta.
The ink is getting all over your hands. / The ink is making your hands messy.

No quiero mancharme los pantalones de pintura.
I don't want to get paint on my trousers.

MANDAR
Te mandé llamar.
I sent for you.

Me manda tu padre para que te ayude.
Your father sent me to help you.

MANERA
Quiero hacerlo a mi manera.
I want to do it in my own way.

Rita habló de esta manera.
Rita spoke like this.

Esa no es manera de tratar a la gente.
That's no way to treat people.

No me gusta su manera de hablar.
I don't like her way of speaking.

Si yo estuviera en tu lugar, lo haría de manera diferente.
If I were in your place, I would do it differently.

Harry dice que la mejor manera de hacerlo es poco a poco.
Harry says that the best way to do it is little by little.

De ninguna manera podría decir tal
    cosa.
I could not possibly say such a thing.

MANIATICA

Mi mujer es una maniática de la
    limpieza.
*My wife is a terrible fusser about
    cleanliness.*

MANO

Está hecho a mano.
It is made by hand.

Siempre lo tengo a mano.
I always have it at hand.

Lo puse aquí para tenerlo a mano.
I put it here to keep it handy.

Echame una mano.
Lend me a hand.

Paseaban cogidos de la mano.
They walked hand in hand.

Le puse 100 libras en la mano.
I put £100 into his hand.

Si le das la mano, te cogerá el pie.
*If you give him an inch, he will take a
    mile.*

Entró en la habitación con el
    sombrero en la mano.
*He came into the room with his hat in
    his hand.*

MANOS

Me lavo las manos (no soy
    responsable).
I wash my hands of it.

Se estrecharon las manos.
They shook hands with each other.

¡Arriba las manos!
Hands up!

Se puso las manos detrás de la
    espalda.
*He clasped his hands behind his
    back.*

Extiende las manos.
Put out your hands.

Ruth se retorcía las manos.
Ruth wrung her hands.

Todos murieron a manos de aquellos
    salvajes.
*They all died at the hands of those
    savages.*

MAÑANA

Déjalo para mañana.
Put it off till tomorrow.

Mañana es sábado.
*Tomorrow is Saturday. / Tomorrow
    will be Saturday. / It's Saturday
    tomorrow.*

Los vi una mañana de agosto.
I saw them on a morning in August.

¿Qué has estado haciendo toda la
    mañana?
*What have you been doing all
    morning?*

No dejes para mañana lo que
    puedas hacer hoy.
*Never put off for tomorrow what you
    can do today.*

MAQUILLAJE

Un hombre con maquillaje de payaso apareció en el escenario.
A man in clown make-up appeared on the stage.

MAR

Había muchos barcos en el mar.
There were a lot of ships on the sea.

El chico fue llevado mar adentro por una corriente fuerte.
The boy was carried out to sea by a strong current.

MARCA

¿De qué marca es tu coche?
What make is your car?

MARCAR

El reloj marca las diez.
The clock shows ten o'clock.

Norman marcó un gol.
Norman scored a goal.

MARCHA

¿Puedes poner el coche en marcha?
Can you get the car to start up?

No puedo poner el coche en marcha.
I can't make the car go. / I can't get the car going.

Los coches deben aminorar la marcha cuando entran en un pueblo.
Cars must slow down when they enter a village.

Llegué diez minutos tarde al trabajo porque no podía poner en marcha el coche.
I was ten minutes late for work because I couldn't get my car started.

Aprenderás las palabras sobre la marcha.
You'll pick up the words as you go along.

Ellos cerraban la marcha.
They brought up the rear.

MARCHAR

El negocio marcha muy bien.
The business is going very well.

Este reloj marcha bien.
This watch keeps good time. / This watch keeps perfect time.

MARCHARSE

Me marcho de aquí.
I'm leaving here.

¡Márchate!
Be off with you!

Tengo que marcharme.
I must be off.

¿Se marchan tan pronto?
Are they leaving so soon?

Nos marchamos a casa.
We left for home.

Creo que sería mejor que nos marcháramos.
I think we'd better get going.

MARIDO

Susan tiene marido.
Susan has a husband.

No me gusta como marido para Mary.
I don't think he's the right husband for Mary. / I don't think he's the husband for Mary. / I don't think he'll make a good husband for Mary.

MAS

Hace más de una hora que espero.
I have been waiting for over an hour.

Me diste tres de más.
You gave me three too many.

Le di 10 libras de más.
I gave him £10 too much.

Le pagué cuatro veces más.
I paid him more than four times too much.

Yo podría ir cuatro veces más rápido en mi coche.
I could go four times as quickly in my car. / I could go four times quicker in my car.

No esperaré más.
I won't wait longer.

No puedo esperar más.
I can't wait any longer.

Esperaré un poco más.
I'll wait a little longer.

La emoción crecía cada vez más.
The excitement grew and grew.

Tiene más de cincuenta.
He is past fifty. / He is over fifty.

Estoy demasiado cansado para andar más.
I'm too tired to walk any further.

Vivo en Madrid desde hace más de dos años.
I have lived in Madrid for over two years.

Este es el libro que me interesa más.
This is the book that interests me most.

¡Ni una palabra más!
Not another word!

No pensé más en el dinero.
I thought no more of the money.

No hablemos más de eso.
Don't let us talk about it any more.

Uno más dos son tres.
One plus two is three.

Para más información, sírvanse escribir a Benson Ltd.
For further information, please write to Benson Ltd.

El mercado de Madrid es ocho veces más pequeño que el de Londres.
Madrid's market is eight times smaller than London's.

Le gustan todos los juguetes pero el coche verde es el que le gusta más.
He likes all the toys but he likes the green car best.

Estaba más enfadado que asustado.
He was more angry than frightened.

Alfred es el chico que corre más deprisa.
Alfred is the boy who runs fastest.

Fanny tiene más gomas de borrar que Bob y Henry juntos.
Fanny has more rubbers than Bob and Henry together.

Alice es la que más tiene y Andy es el que menos.
Alice has the most and Andy has the least.

Molly es la que tiene menos dinero y Penny es la que tiene más.
Molly has the least money and Penny has the most.

Lo más fácil era sentarse allí y escuchar.
It was easiest to sit down there and listen.

¿Quieres acercarte más, por favor?
Will you come nearer, please?

El ejercicio con más faltas es el tuyo.
The exercise with the most mistakes is yours.

Betty bajó la voz aún más.
Betty dropped her voice still lower.

El viaje en coche lleva un poco más de tiempo.
The journey by car takes slightly longer.

No hay nada más que podamos hacer.
There's nothing else we can do.

Su conocimiento de inglés es más profundo y extenso que el tuyo.
His knowledge of English is both deeper and more extensive than yours.

No hacía más que bostezar.
He did nothing except yawn.

¿Tienes algo más que decir?
Have you anything further to say?

No quiero decir más.
I don't want to say more than that.

¿Qué más quieres?
What else do you want?

No quiero nada más.
I want nothing else.

No digas más.
Don't say another word.

¿Quién más vino ayer?
Who else came yesterday?

¿No tienes nada más?
Haven't you got anything else?

Lo más importante es ser feliz.
The most important thing is to be happy.

¿Qué es lo que te gusta más, jerez o whisky?
Which do you like more, sherry or whisky?

Cuanto más escucho esta canción, más me gusta.
The more I hear this song, the more I like it.

Cada vez es más difícil encontrarlos.
They are becoming harder and harder to find.

Estos dos son más o menos lo mismo.
These two are more or less the same.

¿Qué sombrero crees que es el más grande?
Which hat do you think is biggest?

Quédate aquí esta noche; tengo una habitación de más.
Stay here tonight; I have a spare room.

Yo estaba más cansado de él que él de mí.
I was more tired of him than he of me.

Es una cosa de lo más extraordinario.
It's a most extraordinary thing.

Me gusta más el pescado que la carne.
I like fish better than meat.

Tengo sólo dos libros más para leer.
I've only two more books to read.

Es más bien tonta.
She's rather a silly girl. / She's a rather silly girl.

MASTICAR

No mastiques chicle en la escuela.
Don't chew gum at school.

MATAR

A su hijo le mataron en la guerra.
She had a son killed in the war.

MATARSE

Se mató en un avión.
He got killed in a plane. / He was killed in a plane.

Se mató (se suicidó).
He killed himself.

MATRICULA

El coche era de matrícula italiana.
The car had an Italian number plate.

MATRICULARSE

Quiero matricularme en un curso de inglés.
I want to enrol for an English course.

MAYOR

¿Cuántos años es tu hermano mayor que tú?
How much older than you is your brother?

Se está haciendo mayor.
He is getting on in years.

MAYORIA

Estoy en casa la mayoría de las tardes.
I am at home most evenings.

La mayoría de sus amigos no fueron a la fiesta.
Most of his friends didn't go to the party.

La mayoría de la gente piensa así.
Most people think so.

La mayoría de la gente que le conocía decía que era un buen médico.
Most of the people who knew him used to say he was a good doctor.

A Tony le gusta la mayoría de los deportes, pero no todos.
Tony likes most sports, but not all.

MEDIA

Había transcurrido media tarde.
It was half-way through the evening.

MEDICINA

Es una medicina que sabe muy mal.
It's nasty medicine.

MEDIDAS

Voy a tomarte medidas para una chaqueta.
I'm going to measure you for a jacket.

El sastre me tomó medidas.
The tailor measured me.

Te tomaré las medidas.
I'll take your measurements.

MEDIO

Lo dijo medio riendo, medio llorando.
He said it half laughing, half crying.

La botella está medio vacía.
The bottle is half empty.

Sue tiene seis años y medio.
Sue is six and a half.

El es medio inglés.
He is half English.

No hay ningún medio de llegar allí.
There is no means of getting there.

El lenguaje es un medio natural de comunicación.
Language is a natural medium of communication.

MEDIOS

Nuestros medios no nos lo permiten.
We can't afford it.

MEDIR

Deberías medir la medicina con una cucharilla.
You should measure out the medicine with a tea-spoon.

MEJILLA

Mrs Maxwell pellizcó la mejilla del niño.
Mrs Maxwell pinched the child's cheek.

MEJOR

Lo haré lo mejor que pueda.
I'll do my best.

Cantó lo mejor que pudo.
He sang his best.

Nunca estuvo mejor.
He was never better.

El médico te pondrá mejor.
The doctor will make you better.

Lo mejor es ser rico.
It's best to be rich.

Confiemos en lo mejor.
Let's hope for the best.

¿No sería mejor que te marcharas?
Hadn't you better leave?

Cualquier cosa es mejor que
   quedarse aquí.
Anything is better than staying here.

Es mejor ir en autobús que en taxi.
*It's better to go by bus than to go by
   taxi.*

Sería mejor que lo hicieras tú mismo.
*It would be better if you did it
   yourself.*

Aproximó la cara al cuadro para
   inspeccionarlo mejor.
*He put his face close to the picture to
   inspect it more fully.*

Dice que sería mejor que él la dejara
   en paz.
*She says that he'd better let her
   alone.*

Preferiría comprar una blusa mejor
   que un vestido.
*I would prefer to buy a blouse rather
   than a dress.*

MEJORAR

¿Ha mejorado de su enfermedad?
Has he recovered from his illness?

El paciente no ha mejorado.
*The patient has shown no
   improvement.*

Veremos si el tiempo mejora.
*We'll see if the weather gets any
   warmer.*

Las cosas están mejorando.
Things are looking up.

MEJORARSE

¡Qué te mejores!
Get well soon!

MEMORIA

Lo escribí de memoria.
I wrote it from memory.

Lo aprendí de memoria.
I learnt it by heart.

Se me acaba de ir de la memoria.
It has just slipped my memory.

MENCIONAR

Lo mencioné de pasada.
I mentioned it in passing.

Nunca me lo mencionaste.
You never mentioned it to me.

MENOS

Fue escrito nada menos que por
   Milton.
*It was written by none other than
   Milton.*

Tengo menos de mil libras.
I have less than a thousand pounds.

¿Cuánto es seis menos cuatro?
What is four from six?

Siete menos uno son seis.
*One from seven leaves six. / One
   from seven equals six. / Seven
   minus one is six.*

Madrid está a menos de 100 km.
Madrid is within 100 km.

No puedo por menos que admirar su
   belleza.
I cannot but admire her beauty.

La señora ..., bueno, el nombre es lo de menos.
Mrs ..., never mind her name.

Hay menos estudiantes de los que esperaba.
There are fewer students than I expected.

No menos de diez estudiantes vienen todos los días.
No fewer than ten students come every day.

Lo escribí en menos de tres semanas.
I wrote it in less than three weeks.

Tenemos menos dinero ahora.
We have less money now.

Hay menos de diez estudiantes en los niveles avanzados.
There are fewer than ten students in the advanced levels.

No gasta menos de 50 libras al día.
He spends no less than £50 a day.

Cuanto menos trabajas, menos ganas.
The less you work, the less you earn.

Por lo menos tiene diez años.
He is at least ten.

Cinco es menos que ocho.
Five is less than eight.

Eso costará cinco libras más o menos.
That will cost five pounds more or less.

La mujer estaba menos herida que asustada.
The woman was less hurt than frightened.

Joe es el que tiene menos libros.
Joe has the fewest books.

A menudo los que trabajan más son los que menos cobran.
Those who work most often get paid least. / Those who work the most often get paid the least.

No lo haré a menos que me lo pida.
I won't do it unless he asks me to.

MENTIR
No me mientas.
Don't lie to me.

¡Mientes!
You're lying!

MENTIRA
¡Eso es mentira!
That's a lie!

Me contó una mentira.
He told me a lie.

MENTIRAS
El chico ha contado muchas mentiras.
The boy has told a lot of lies.

MERCADO
Hay muchas clases de bolígrafos en el mercado.
There are many kinds of ball-pens on the market.

Estos cigarrillos acaban de salir al mercado.
These cigarettes have just come on to the market.

Cuando Jane regresa del mercado, hace la comida.
When Jane gets back from market, she does the cooking.

MERECER

Eso merece atención.
That's worthy of attention.

Merece que se le mencione.
He deserves a mention.

Hay un castillo que merece visitarse.
There is a castle well worth a visit.

Mereció la pena esperar.
It was worth waiting for.

MES

¿En qué mes estamos?
What month is this? / What month is it now?

Estamos en mayo.
This is May.

¿En qué mes comienza a nevar?
In what month does it begin snowing?

METER

¡No le metas un dedo en el ojo!
Don't stick your finger in his eye!

El niño pequeño metió la cuchara en la sopa.
The little boy dipped his spoon into the soup.

Me tienen que meter ese vestido porque he adelgazado mucho.
I must have this dress taken in as I've lost a lot of weight.

Meteremos a Alice de profesora.
We'll put Alice into teaching.

METERSE

Se metió la pluma en el bolsillo.
He put the pen in his pocket. / He put the pen into his pocket.

No te metas en lo que no te importa.
Mind your own business.

Me metí en el taxi.
I jumped into the taxi.

Andrew se metió en líos.
Andrew ran into serious trouble.

El perro se metió debajo de la mesa.
The dog got under the table.

Métete en la cama enseguida.
Get into bed at once.

Se metieron en el agua.
They went into the water.

No te metas eso en la boca.
Don't put that into your mouth.

El taxi se metió en la calle Seagrave.
The taxi turned into Seagrave Street.

METRO

¿Hay metro en la Puerta del Sol?
Is Puerta del Sol on the underground?

No me gusta ir en metro.
I don't like going by underground.

La forma más rápida de ir por Nueva York es en metro.
The quickest way to get about New York is on the subway.

MIEDO

Cerró la puerta con llave por miedo a los ladrones.
He locked the door for fear of thieves.

Paul temblaba de miedo.
Paul was trembling with fear.

No tuve miedo alguno.
I felt no fear.

¡Qué miedo!
What a fright! / How frightening! / How scary!

Alison tiene miedo.
Alison is frightened.

Dick tiene miedo del perro.
Dick is frightened of the dog. / Dick is afraid of the dog.

¿De qué tienes miedo?
What are you afraid of?

No me dan miedo los fantasmas.
I'm not scared of ghosts.

Tenía miedo de que el perro la mordiera.
She was afraid that the dog would bite her.

MIENTRAS

Yo leía mientras ella cosía.
I was reading while she was sewing.

Mientras estás en Madrid deberías visitar el Museo del Prado.
While in Madrid you should visit the Prado Museum.

Algunos hombres son ricos mientras otros son pobres.
Some men are rich while others are poor.

Nick trabaja mucho mientras que Oliver no hace nada.
Nick works a lot whereas Oliver does nothing.

MILLARES

Vinieron a millares.
They came in thousands.

MIRADA

Echa una mirada a este libro, por favor
Have a look at this book, please.

MIRAR

Pat miraba por la ventana.
Pat was looking out of the window.

Miró por encima de la barandilla.
He looked over the rail.

Ellen miró al perro y el perro la miró a ella.
Ellen looked down at the dog and the dog looked up at her.

¡Mira a la derecha!
Look to the right!

Miró a derecha y a izquierda.
He looked right and left. / He looked to the right and to the left.

El policía le miró de arriba abajo.
The policeman looked him up and down.

Johnny miró a través de un agujero de la valla.
Johnny looked through a hole in the fence.

Mírame a los ojos.
Look into my eyes.

Aturdido, me miró de nuevo.
Bewildered, he glanced at me again.

Mira lo que has hecho.
Look what you've done.

MIRARSE

Se miraron el uno al otro.
They looked at each other.

Se miró al espejo.
She looked at herself in the mirror.

Los tres chicos se quedaron allí mirándose unos a otros.
The three boys stood there looking at one another.

MISA

¿Estuviste en misa el domingo pasado?
Were you at church last Sunday?

MISMO

Viven en el mismo país que Peter.
They live in the same country as Peter.

Este es el mismo libro que yo leí.
This is the same book that I read.

Es lo mismo.
It's all the same.

Me da lo mismo.
It's all the same to me.

Nos encontramos en el mismo lugar que el lunes pasado.
We met at the same place as we did last Monday.

¡Camarero! Otro de lo mismo.
Waiter! The same again.

Lo mismo da que lo hagas ahora.
You might as well do it now.

Beberé lo mismo que has bebido tú.
I'll drink the same as you. / I'll have the same as you did. / I'll have the same as you.

Todos dicen lo mismo.
They all say the same.

MISTERIO

Era un misterio para mí.
It was a mystery to me.

MITAD

El coche se paró en la mitad de la cuesta.
The car stopped half way up the hill.

Me interrumpió cuando iba por la mitad de la carta.
He interrupted me in the middle of writing the letter.

MODA

¿Quién empezó la moda de los pantalones tejanos?
Who started the fashion for blue jeans?

MODALES

Susan sería más agradable si tuviera mejores modales.
Susan would be pleasanter if she had better manners.

MODO

Lo quiero hecho a mi modo.
I want it done my way.

Debes hacerlo de un modo u otro.
You must do it in one way or another.

MOJAR

Voy a mojar este trapo.
I'm going to wet this cloth.

Mojé la pluma en tinta.
I dipped the pen in ink.

Hay que mojar tu éxito.
Let's drink a toast to your success.

Me has mojado el suelo.
You've made my floor wet.

MOJARSE

Ronald se mojó.
Ronald got wet.

MOLESTAR

No molestas.
You're no trouble.

¿Puedo molestarle un momento?
May I trouble you for a minute?

Espero no molestarle.
I hope I'm not disturbing you.

¿Le molesta que abra la ventana?
Do you mind if I open the window?

Leo saca 30 libras a la semana molestando a sus amigos para que le compren libros.
Leo makes £30 a week by pestering his friends to buy books.

MOLESTARSE

No te molestes.
Don't bother.

Me molesté en conseguirlo.
I took pains to get it.

No tenía que haberse molestado.
You shouldn't have taken the trouble.

No tienes por qué molestarte por ellos.
You don't need to go to any trouble for them.

No vale la pena molestarse por ello.
It's not worth bothering about.

No se molestaron en absoluto en contestar.
They didn't bother to reply at all.

MOLESTIA

No es ninguna molestia.
It's no trouble.

MOMENTO

Lo haré cuando llegue el momento.
I'll do it when the time comes.

Este es el mejor momento para hacerlo.
This is the best time to do it.

Ha llegado el momento de hablar inglés.
The time has come to speak English.

Ha llegado el momento de que
estudies mucho.
*The time has come when you have
to study hard. / The time has
come for you to study hard.*

Llegas en el momento oportuno.
You're just at the right time.

Hubo un momento de silencio.
There was a moment's silence.

Estarás mejor dentro de un
momento.
You'll be better in a moment.

Mi padre estará aquí en cualquier
momento.
My father will be here any time now.

MONEDA

Le pagué con la misma moneda.
I paid him back in his own coin.

MONO

¡Qué mono! (p. ej. un perrito).
How sweet! / How cute!

MONTAR

Quiero montar en el tiovivo.
I want to go on the roundabout.

Montaré en ese caballo.
I'll ride that horse.

MOÑO

Hazte un moño.
Do up your hair in a bun.

MORADO

Bobby tenía un ojo morado.
Bobby had a black eye.

MORDER

Mordió el pastel.
He bit into the cake.

MORDISCO

Dio un mordisco a la manzana.
He took a bite out of the apple.

MORENO

Se puso muy moreno con el sol.
He got very brown from the sun.

El chico es tan moreno como su
padre.
The boy is as dark as his father.

MORIR

Murió envenenado.
He died from poisoning.

Murió abrasado.
He was burned to death.

Murió de un ataque al corazón.
He died from heart failure.

MORIRSE

Me muero por saberlo.
I'm dying to know it.

Me muero por un vaso de cerveza.
I'm dying for a glass of beer.

Me muero de hambre.
I'm dying of hunger.

MOVERSE

No te muevas (al probarse un traje).
Stand still.

No podía moverse ni a un lado ni a
otro.
*He couldn't move either one way or
the other.*

MUCHO

¿Esperaste mucho?
Did you wait long?

Espero que no hayas estado
esperando mucho.
I hope you haven't been waiting long.

No me gusta mucho prestar libros.
I don't much like lending books.

Hay mucho que ver.
There's lots to see.

No hay mucho que ver en este
lugar.
*There's nothing much to see in
this place.*

¿Duró mucho?
Did it last long?

Esto es mucho mejor que eso.
This is far better than that.

Llueve mucho.
It's raining hard.

No nos queda mucho dinero.
We haven't much money left.

Debe estudiar mucho si quiere
aprobar el examen final.
*He must study hard if he wants to
pass the final examination.*

Nunca entenderé el ruso por mucho
que estudie.
*I'll never understand Russian,
however much I study.*

No puede tener más de veinticinco
años, como mucho.
*He can't be more than twenty-five. /
He's twenty-five at the most.*

MUDARSE

Se mudaron al piso nuevo.
They moved into the new flat.

Nos mudamos a Barcelona.
We moved to Barcelona.

¿Adónde os mudáis?
Where are you moving to?

MUDO

Me quedé mudo cuando vi a mi tío.
I fell silent when I saw my uncle.

MUEBLES

No hay muchos muebles en el
comedor.
*There isn't much furniture in the
dining-room.*

Necesitamos muebles nuevos para
esta habitación.
We need new furniture for this room.

Han comprado uno o dos muebles.
*They've bought one or two pieces of
furniture.*

MUELA

Ayer me sacaron una muela.
*I had a tooth out yesterday. / I had a
tooth taken out yesterday.*

MUERTE

Fue sentenciado a muerte.
*He was sentenced to death. / They
gave him the death penalty. / He
was given the death penalty.*

Murió de muerte natural.
He died a natural death.

MUERTO

Cayó muerto en la calle.
He dropped down dead in the street.

MULTA

Le pusieron una multa de 100 libras.
He was fined £100.

Le pusieron una multa de 100 libras
por agresión.
He was fined £100 for assault.

Un guardia le puso una multa de 100
libras.
A policeman fined him £100.

En Inglaterra te pueden poner una
multa por escupir en el suelo.
*In England you can be fined for
spitting on the pavement.*

MULTAR

Me multaron ayer porque aparqué el
coche mal.
*I got a fine yesterday because I
parked my car in a no-parking
area.*

MULTIPLICADO

Siete multiplicado por dos son
catorce.
Seven multiplied by two is fourteen.

MUNDO

Yo he estado por todo el mundo.
I've been all over the world.

MUSICA

Esta es una música muy bonita.
This is lovely music.

MUY

Estoy muy sorprendido.
I'm very much surprised.

Su valor es muy admirado.
His courage is much admired.

Me miró con los ojos muy abiertos.
He looked at me wide-eyed.

El es muy joven.
*He is very young. / He is quite
young.*

Huele mal.
It smells pretty bad.

Estaba muy cansado.
I was terribly tired.

N

NACER

¿Dónde naciste? –Nací en Londres.
*Where were you born? –I was born
in London.*

¡Ojalá hubiera nacido hombre!
I wish I had been born a man!

¿Dónde nace el Támesis?
Where does the Thames rise?

Ha nacido para ser médico.
He is a born doctor.

¿En qué mes naciste?
In what month were you born?

NACIONALIDAD

¿De qué nacionalidad eres?
What nationality are you?

NADA

No hay nada que podamos hacer.
There's nothing we can do about it.

No hay nada que me guste más que tocar el piano.
I like nothing better than to play the piano. / There is nothing I like more than to play the piano.

No hay nada como escuchar buena música.
There's nothing like listening to good music.

No veo nada absolutamente.
I can't see a thing.

Nada por aquí; nada por allá.
Now you see me; now you don't.

Compramos este coche por casi nada.
We bought this car for next to nothing.

No sé nada de eso.
I know nothing about it.

No trabaja en nada.
He does no work at all.

No he visto nunca nada parecido.
I've never seen anything like it.

No tiene nada de médico.
He isn't a bit like a doctor.

Hay poco vino en el vaso y nada en la botella.
There is little wine in the glass and none in the bottle.

No hay nada de vino en la botella.
There is no wine in the bottle. / There isn't any wine in the bottle.

No es nada más que un sinvergüenza.
He is nothing but a rascal.

No hizo nada en absoluto.
He did nothing at all.

No vale absolutamente para nada.
It is of no use at all.

No haría ese trabajo por nada.
I wouldn't do that job for anything.

No tengo nada que decir.
I have nothing to say.

No ocurrió nada.
Nothing happened.

Es mejor que nada.
It's better than nothing.

Eso no tiene nada que ver conmigo.
That has nothing to do with me.

NADAR

Bajemos a la costa a nadar.
Let's go down to the coast for a swim.

Nadaron en el mar.
They had a swim in the sea.

NADIE

No se lo digas a nadie.
Don't tell anybody about this.

No hay nadie más aquí.
There's no-one else here.

No conozco a nadie.
I don't know anybody.

Nadie sabe cuánto durará la guerra.
Nobody knows how long the war will last.

¿Quién era ese hombre? – Nadie que conozcas.
Who was that man? – No one you know.

NARIZ

Se empolvó la nariz.
She powdered her nose.

Se sonó la nariz.
He blew his nose.

Se limpió la nariz.
He wiped his nose.

Tengo la nariz tapada.
I have a stuffed up nose.

NATURAL

Es natural de Francia.
He is a native of France.

Es natural que vaya con sus padres.
It's natural that he should go with his parents.

NATURALEZA

Son amables por naturaleza.
They are kind by nature.

NAVEGAR

Hay un barco navegando por el mar.
There is a ship sailing on the sea.

NECESARIO

Es necesario pintar el coche.
The car needs painting. / The car needs to be painted.

No es necesario.
There's no need for that.

Es necesario reparar la casa.
The house is in need of repair.

No es necesario que te levantes siempre a las ocho.
You needn't always get up at eight o'clock.

NECESIDAD

No hay necesidad de hacerlo.
There's no need to do it.

No hay necesidad de que lo hagamos.
There's no need for us to do it.

NECESITAR

Necesito un buen diccionario.
I'm in need of a good dictionary.

NEGAR

Negó haberlo robado.
He denied stealing it.

NEGARSE

Se negó a comer.
He refused to eat.

NEGOCIO

Estoy en el negocio de muebles.
I am in the furniture business.

El negocio marcha bien.
The business is doing well.

NEGOCIOS

Estoy aquí por negocios.
I am here on business.

NERVIOSO

No te pongas nervioso.
Don't get excited.

Eso me pone nervioso.
That gets on my nerves.

NI

No son ni cartas ni tarjetas.
*They aren't letters or postcards. /
They are neither letters nor
postcards.*

No hay ni coches ni autobuses por la
carretera.
*There are no cars and no buses on
the road. / There are neither cars
nor buses on the road.*

Ella no le hablaba, ni él a ella.
*She didn't speak to him, nor he to
her.*

Ni él ni ninguno de sus compañeros
aparecen en la obra.
*Neither he nor any of his colleagues
appear in the play.*

Me comeré seis aceitunas, ni más ni
menos.
I will eat six olives, no more, no less.

No está ni aquí ni allí.
It's neither here nor there.

No debes cantar ni bailar.
*You mustn't either sing or dance. /
You must neither sing nor dance.*

No tiene ni padre ni madre.
*He has no father and no mother. / He
has no father or mother.*

No se permiten perros ni gatos.
No dogs or cats are allowed.

No entiendo ni una palabra de esto.
I don't understand a word of it.

Ni que decir tiene.
That goes without saying.

NINGUN

No tengo ningún sitio adonde ir.
I have nowhere to go.

El profesor no tiene ningún libro.
*The teacher has no book. / The
teacher hasn't a book.*

NINGUNO

No conozco ninguno.
I don't know any of them.

Ninguno de los dos es inglés.
Neither of them is English.

NOCHE

Es de noche.
It's dark.

Trabaja día y noche.
He works day and night.

Llovió por la noche.
It rained in the night.

Se hace de noche.
It's getting dark.

Perdí el tren y mis amigos me
invitaron a que pasara la noche
con ellos.
*I missed my train and my friends
invited me to sleep the night with
them.*

NOCHES

Buenas noches.
Good night. / Good night to you.

NOMBRE

Llámame por mi nombre de pila.
Call me by my first name.

El perro atiende por el nombre de Flox.
The dog answers to the name of Flox.

No me dijo su nombre.
He didn't tell me his name.

Llamé al chico por su nombre.
I called the boy's name.

Hay una planta con ese nombre.
There is a plant of that name.

NOMBRES

¿Sabes los nombres de estos animales?
Can you name these animals?

NORMALIDAD

Las cosas volvieron a la normalidad.
Things returned to normal. / Things got back to normal.

NORTE

Francia está al norte de España.
France is to the north of Spain.

Santander está en el norte de España.
Santander is in the north of Spain.

NOSOTROS

¡Somos nosotros! ¡Déjanos entrar!
It's us! Let us in!

Teníamos un camarote para nosotros.
We had a cabin to ourselves.

NOTAS

El profesor me puso notas muy altas.
The teacher gave me very high marks.

NOTICIA

La noticia era buena.
The news was good.

Nos dio la noticia.
He told us the news.

¡Qué noticia tan buena!
That's good news!

Se puso pálido al oír la noticia.
His face grew pale at the news.

Supimos la noticia hace dos días.
We got the news two days ago.

Tenemos una noticia que darte.
We have a piece of news to tell you.

NOTICIAS

Tengo buenas noticias que darte.
I've got good news for you.

¿Has tenido noticias de tu padre?
Have you heard from your father? / Have you received any news from your father?

¿Qué noticias hay?
What's the news?

NOVIO

Es el novio de mi hermana.
He's engaged to my sister.

NUDO

Tenía un nudo en la garganta.
I had a lump in my throat.

NUMERO

¿En qué número vives?
What number do you live at?

Llama a este número.
Ring this number.

El artículo apareció en el número de
    abril.
*The article appeared in the April
    issue.*

NUNCA

Aquí nunca ocurre nada.
Nothing ever happens here.

Trabajo más que nunca.
I work harder than ever.

Prometieron que no irían nunca más.
*They promised never to go there
    again.*

Nunca vayas tarde a la oficina.
Never go to the office late.

Nunca se sabe.
You can never tell.

Nunca he hablado con él.
I have never spoken to him.

Tenemos menos dinero que nunca.
We have less money than ever.

Nunca dejes para mañana lo que
    puedas hacer hoy.
*Never put off till tomorrow what you
    can do today.*

O

O

Es un asunto de vida o muerte.
It's a matter of life and death.

Todo estudiante debe tener una
    pluma o si no, un bolígrafo.
*Every student should have a pen or
    else a ballpoint pen.*

¿Vas a escribir o a dibujar?
Are you going to write or draw?

Puedes beber jerez o coñac.
*You can drink either sherry or
    brandy.*

O lo vendió o se lo dio a ellos.
He either sold it or gave it to them.

¿Vienes o no vienes?
Will you or won't you come?

OBJETO

No tiene objeto hablarle en español.
It's no use talking to him in Spanish.

No tiene objeto hacerlo.
There is no point in doing it.

OBLIGADO

Me vi obligado a parar.
I was forced to stop.

OBLIGAR

Me obligaron a hacerlo.
I was forced to do it.

OBRA

Pongamos manos a la obra.
Let's get to work.

OCASION

Le hablaré en cuanto se presente la
ocasión.
*I'll talk to him the very first
opportunity I get.*

OCUPADO

Está muy ocupado con su trabajo.
He is hard at work.

Está ocupado escuchando las
canciones.
He is busy listening to the songs.

Está muy ocupado trabajando en un
libro.
He is busily working on a book.

Estaba ocupado escribiendo una
carta cuando sonó el teléfono.
*I was engaged in writing a letter
when the telephone rang.*

OCUPAR

La enseñanza me ocupa todo el
tiempo.
Teaching takes up all my time.

OCURRIR

A mí me ocurre lo mismo.
It's the same with me.

¿Qué le ocurrió a tu primo?
What happened to your cousin?

Me ocurrió una cosa muy rara.
A strange thing happened to me.

¿Qué ocurre?
*What's going on? / What's the
matter? / What's happening? /
What's up?*

¿Te ocurre algo?
*Is there anything the matter with
you?*

¿Qué te ocurre?
*What's wrong with you? / What's the
matter with you?*

¿Qué crees que ocurrió?
What do you think happened?

¿Cómo ocurrió?
*How did it happen? / How did it come
about?*

Eso es lo que ocurre por hablar
con él.
*That's what comes of talking
to him.*

Así es como ocurrió.
This is the way it happened.

No quiero que te ocurra nada.
*I don't want anything to happen to
you.*

OFERTA

Estos vestidos están de oferta.
These dresses are on offer.

OFICIO

Tenía el oficio de fontanero.
He was a plumber by trade.

El es panadero de oficio.
He is a baker by trade.

OFRECER

Le ofrecí 1.000 libras por su coche.
I made him an offer òf £1,000 for his car.

¿Qué ofreciste al chico?
What did you offer the boy?

OFRECERSE

Se ofreció para llevarnos a Londres.
He offered to take us to London.

Se ofreció a ayudarme.
He offered to help me.

OIDO

Cualquier cosa que le cuentes le entra por un oído y le sale por otro.
Anything you tell him goes in one ear and out the other.

OIR

He oído hablar de tu padre.
I have heard about your father.

Se oyen a lo lejos.
They sound a long way off.

Grité para que me oyeran al otro lado de la calle.
I shouted to make myself heard across the street.

OIRSE

No se oía nada.
There was not a sound.

Se oyó un golpe en la puerta de atrás.
A knock was heard on the back door.

OJALA

¡Ojalá le tuviera a usted de profesor!
I wish I had you for a teacher!

¡Ojalá no lloviese tanto!
I wish it didn't rain so much!

¡Ojalá no fuese así!
I wish it were not so!

¡Ojalá lo supiera!
I wish I knew!

¡Ojalá lo hubiera sabido!
I wish I had known!

¡Ojalá me dijeras cuándo vas a venir a casa!
I wish you would tell me when you're going to come home!

¡Ojalá nos hubiéramos ido a París!
I wish we'd gone to Paris!

¡Ojalá tuviera más dinero!
If only I had more money!

OJO

Me pusieron un ojo negro.
I got a black eye.

John me guiñó un ojo para dar a entender que le estaba gastando una broma a Molly.
John winked at me to show that he was playing a joke on Molly.

No pegué ojo.
I didn't sleep a wink.

OJOS

Apartó los ojos del cuadro.
He turned his eyes away from the picture.

Helen tiene los ojos azules.
Helen has blue eyes.

Debes tener los ojos bien abiertos.
You must keep your eyes wide open.

OLER

Esta flor huele bien.
*This flower smells nice. / This flower
has a nice scent. / This flower
has a sweet scent.*

Huele a pescado.
It smells like fish.

Huele a ajo.
It smells of garlic.

Huele mucho a ajo.
It smells strongly of garlic.

Huele a pintura.
There is a smell of paint.

Huele mucho a pintura.
There is a strong smell of paint.

¿Hueles algo?
Do you smell anything?

Huelo a quemado.
I smell something burning.

Huelo a humo.
I can smell smoke.

¡Qué mal huele!
What a stink!

Huele este melón.
Have a smell of this melon.

Está oliendo la rosa.
She's smelling the rose.

OLOR

Despide un olor delicioso.
It gives off a delightful smell.

OLVIDAR

Nunca olvidaré cuando me corté el
dedo.
I'll never forget cutting my finger.

No olvides eso.
Keep that in your mind.

Acabo de olvidarlo.
It has just slipped my memory.

OLVIDARSE

Casi se me olvida.
I nearly forgot it.

Se te olvidó la gabardina.
You forgot your raincoat.

Se me olvidó.
I forgot all about it.

OPERAR

La operaron de apendicitis.
*She had her appendix out. / She was
operated on for appendicitis.*

La operaron hace un mes.
She was operated on a month ago.

¿Te han operado alguna vez?
Have you ever been operated on?

Un cirujano operó a Ruth.
A surgeon operated on Ruth.

OPINION

Me gustaría que me dieras tu opinión
sobre el negocio.
I'd like your opinion on the business.

No tenía muy buena opinión de ninguna de sus novelas.
He didn't think much of any of her novels.

OPONERSE
Me opongo a pagar más dinero.
I am opposed to paying more money.

Me opongo a la construcción del puente.
I oppose the building of the bridge.

OPORTUNIDAD
Tuve la oportunidad de conocerles.
I had the opportunity to meet them. / I had the opportunity of meeting them.

No tuve oportunidad de hacerlo.
I didn't get a chance to do it.

OPORTUNO
Como te parezca oportuno.
As you see fit.

OPOSICION
No hay oposición al plan de publicar este libro.
There is no opposition to the plan to publish this book.

OPRIMIR
Este zapato me está demasiado estrecho. Me oprime el pie.
This shoe is too tight. It pinches my foot.

ORDEN
Todo está en orden.
Everything is under control.

Pon estos libros en el orden correcto.
Put these books in the right order.

Di la orden de venir enseguida.
I gave the order to come at once.

ORDENAR
Ordena tus libros.
Tidy your books.

Ordenó que le trajeran a los prisioneros.
He ordered the prisoners to be brought before him.

ORDENES
Estoy a sus órdenes.
I'm at your service.

ORGULLOSO
Está orgulloso de su hijo.
He is proud of his son.

Está orgulloso de tener un hijo así.
He is proud of having such a son.

ORIENTADA
Esta es una ventana orientada al sur.
This is a window looking towards the south.

ORILLAS
Londres está a orillas del río Támesis.
London is on the River Thames.

OSCURECER
Está oscureciendo.
It's getting dark. / It's growing dark.

OSCURIDAD
Tiene miedo a la oscuridad.
He is afraid of the dark.

Un gato ve muy bien en la oscuridad.
A cat can see quite well in the dark.

OSCURO

Estaba demasiado oscuro para ver
por dónde iba.
It was too dark to see my way.

OTOÑO

Rara vez salimos en otoño.
We seldom go out in the autumn.

OTRAS

Esto diferencia a Madrid de la
mayoría de las otras capitales
europeas.
*This differenciates Madrid from most
other European capitals.*

OTRO

No encuentro mi otro guante.
I can't find my other glove.

No me gusta este libro, dame otro.
*I don't like this book, give me another
one.*

Quiero otro sombrero.
I want another hat.

Otro de los vasos tiene whisky.
*Another of the glasses has whisky
in it.*

No estoy interesado en vivir en otro
lugar.
*I'm not interested in living anywhere
else.*

OTROS

Dame otros libros.
Give me some other books.

Dame los otros.

Give me the others.

Hay otros niños esperando ver al
doctor.
*There are some other children
waiting to see the doctor.*

Me quedaré aquí otros dos meses.
I'll stay here for another two months.

Dame otros cien dólares.
Give me another hundred dollars.

Tus otros zapatos están aquí.
Your other shoes are here.

Otros dieciocho fueron a la oficina.
Eighteen others went to the office.

P

PACIENCIA

No pierdas la paciencia.
Don't lose your temper.

PADECER

Padece mucho por el frío.
She feels the cold rather badly.

Padece de los nervios.
He suffers with his nerves.

PADRE

Robert no tiene padre.
Robert hasn't a father.

Voy a ser padre.
I'm going to be a father.

Su padre y su madre están aquí.
His father and mother are here.

Mr Lane, que es padre de cuatro
niños, está dispuesto a trabajar
mucho.
*Mr Lane, father of four, is willing to
work very hard.*

PADRINO

Fui el padrino.
I was best man.

PAGAR

Pagaremos con un cheque.
We'll pay by cheque.

Me pagaron bien el coche.
I got a good price for the car.

Pagaré el taxi.
I'll pay for the taxi.

Pagaré la cuenta.
I'll pay the bill.

Pagué por adelantado.
I paid in advance.

Pagué 1.000 libras por eso.
I paid £1,000 for that.

Pagué la casa al contado.
I paid for the house in cash.

El pagó todo de su propio bolsillo.
*He paid everything out of his own
pocket.*

Puede pagarlo en plazos mensuales.
*You can pay for it in monthly
instalments.*

Aún no le he pagado.

I haven't paid him yet.

¿Te pagan por semanas o por
meses?
*Are you paid by the week or by the
month?*

Me pagan por horas.
I'm paid by the hour.

¿Te pagaron por tu trabajo?
*Did you get paid for your work? / Did
they pay you for your work?*

No me pagan por el trabajo que
hago.
I'm not paid for the work I do.

Ahora te toca a ti pagarnos una
ronda.
It is your round now.

PAGINA

¿En qué página viene eso?
On what page does that come?

¿En qué página estamos?
What page are we on?

Vuelve la página.
Turn the page over.

Abre el libro por la página cinco.
Open your book to page five.

Pasa a la página diez.
Turn to page ten.

¿En qué página está?
What page is it on?

PALABRA

Te doy mi palabra.
I give you my word.

¡Ni una palabra más!
Not another word!

No entiendo ni una palabra.
I can't understand a word.

Repitió la lección palabra por palabra
de memoria.
*He repeated the lesson word by
word from memory.*

Todos se sentaron sin decir palabra.
*They all sat down without saying a
word.*

PALABRAS

No se puede expresar con palabras.
There are no words to express it.

No puedo decir lo que siento con
palabras.
I can't put my feelings into words.

PALIDO

Se puso pálido.
*He turned pale. / He went pale. / He
grew pale.*

PALIZA

Anoche, unos hombres le dieron una
paliza.
Some men beat him up last night.

PALMADA

John le dio una palmada afectuosa a
Jim en el hombro.
*John clapped an affectionate hand
on Jim's shoulder.*

PALOS

A Jack deberían darle de palos.
*Jack ought to be given a good
beating.*

PALPAR

Palpó el filo del cuchillo.
He felt the edge of the knife.

PAR

Estaré aquí un par de semanas.
I'll be here for a week or two.

PARA

Tengo que tomar un autobús para
Liverpool.
I must take a bus to Liverpool.

Quiero un billete para Nueva York.
I want a ticket to New York.

¿Cuándo salís para Madrid?
When are you leaving for Madrid?

Todo es nuevo para mí.
Everything is new to me.

Albert nació para ser médico.
Albert was born to be a doctor.

Me abrió la puerta para que saliera.
He opened the door for me to go out.

Este es un libro para aprender
francés.
This is a book for learning French.

Compré un libro para aprender
francés.
I bought a book to learn French.

Hay bastante carbón para todo el
invierno.
*There is enough coal to last through
the winter.*

Sólo está aquí para dos semanas.
*He is only staying here for two
weeks.*

¿Para qué se usa este cuchillo?
   -Para cortar carne.
What do you use this knife for?
   -To cut meat.

Estas botas están hechas para
   escalar.
These boots are made for climbing.

Esta revista es para que la leas.
This magazine is for you to read.

¿Para qué ha venido ese chico?
   -Ha venido para jugar con Jim.
What has that boy come for?
   -He has come to play with Jim.

Trabaja mucho para aprobar el
   examen.
*He is working hard so that he will
   pass his examination.*

George se escondió detrás del sofá
   para que Mr Jenkins no le viera.
*George hid behind the sofa so that
   Mr Jenkins would not see him.*

PARADO

Hace dos años que está parado.
He's been out of work for two years.

PARALELO

El río discurre paralelo a la carretera.
The river runs parallel to the road.

PARAR

Paró de hablar.
He stopped speaking.

Paró para hablar.
He stopped to speak.

¿A dónde quieres ir a parar?

What are you getting at?

PARARSE

¡No se paren!
Move on!

El coche se paró.
*The car stopped. / The car came to
   halt.*

PARECER

Parece joven.
He looks young.

Parece un profesor.
He looks like a teacher.

Este parece mi reloj.
This looks like my watch.

Esto parece oro.
This looks like gold.

Parece que estás equivocado.
*It seems that you are wrong. / You
   seem to be wrong.*

Este color parece diferente a la luz
   del día.
*This colour looks different in the
   daylight.*

Me parece una buena mecanógrafa.
She seems a good typist to me.

¿Qué te pareció?
How did you like it?

¿Qué te parece el piso?
How do you like the flat?

No parece que tengas cincuenta y
   cinco.
You don't look fifty-five.

Parece como si estuviera hecho de oro.
It looks as if it were made of gold.

Así parece.
It seems like it.

Parece una trompeta.
It sounds like a trumpet.

Parece mentira.
It hardly seems possible.

Parece que fue ayer cuando Jean jugaba con sus juguetes.
It seems like only yesterday since Jean was playing with her toys. / It seems like no time since Jean was playing with her toys.

Parece que viene alguien.
That sounds like somebody coming.

¿Qué te parece otro vaso de vino?
How about another glass of wine? / What do you say to another glass of wine?

PARECERSE
Se parece a su padre.
He looks like his father.

Se parecen.
They look alike.

Estas dos chicas se parecen mucho.
These two girls are very much alike.

¿En qué se parece un camión a una furgoneta?
How is a lorry like a van?

PARECIDO
Vivo en un piso parecido al tuyo.
I live in a flat similar to yours.

Hablan en un idioma parecido al holandés.
They speak a language similar to Dutch.

Nunca he oído nada parecido.
I never heard anything like it.

PARECIDOS
Los dos chicos son muy parecidos.
The two boys are very much alike.

PARTE
Le puedes decir de mi parte que no voy a hacerlo.
You can tell him from me that I'm not going to do it.

Por favor da las gracias a tu hermano de mi parte.
Please thank your brother on my behalf.

¿De parte de quién? (al teléfono)
Who is speaking?

Vengo de parte de tu padre.
I've been sent by your father.

Tiene diez pulgadas de una parte a otra.
It's ten inches across.

PARTICULAR
Dio lecciones con un profesor particular.
He took lessons with a private teacher.

PARTIDA
Vamos a jugar una partida.
Have a game with me.

¿Jugamos una partida de ajedrez?
Shall we have a game of chess?

PARTIDARIO

Soy totalmente partidario de lo que
dicen.
I'm all for what they say.

PARTIDO

Debes sacar el mayor partido de tu
estancia en Londres.
*You should get the most out of your
stay in London. / You should
make the most of your stay in
London.*

PARTIR

Partí un pedazo del pan.
I broke a piece off the loaf.

Partimos hacia allí a toda velocidad.
We set off there at high speed.

Las manzanas empiezan a madu-rar
en siete semanas a partir de
ahora.
*Apples begin to ripen seven weeks
from now.*

Partiremos para la costa la semana
próxima.
*We'll set off for the seaside next
week.*

PASADO

Fueron allí el domingo pasado.
*They went there last Sunday. / They
went there on Sunday last.*

El invierno del año pasado fue muy
frío.
*Last year's winter was very cold. /
The winter was very cold last
year.*

Tiene un pasado turbio.
He has a shady past.

PASAR

Pasará otro autobús dentro de cinco
minutos.
*There will be another bus in five
minutes.*

El coche pasó muy despacio.
The car drove by very slowly.

Pasó un avión.
A plane passed overhead.

¿Sabes cuándo pasa el próximo
autobús?
*Do you know when the next bus
comes along?*

Pasaron veinte años.
*Twenty years went by. / Twenty
years passed by.*

Pasarán algunos años antes de que
John empiece a ganar algún
dinero.
*It will be some years before John
begins to earn some money.*

Pasará mucho tiempo antes de que
vuelvan.
*It will be a long time before they
come back.*

Un mes pasa pronto.
A month doesn't take long to pass.

Ha pasado de los cincuenta.
He's past fifty.

Leyó un libro para pasar el tiempo.
He read a book to pass the time.

Paso el tiempo escribiendo.
I spend my time writing.

¿Cuánto tiempo vas a pasar allí?
How long are you going to spend there?

Ya ha pasado el dolor.
The pain has gone.

Ha pasado una noche tranquila.
He has had a peaceful night.

Siempre viene a casa a pasar las vacaciones.
She always comes home for the holidays.

Fui a pasar un día en el campo.
I went off for a day in the country.

No puedo pasar sin dinero.
I can't do without money.

Lo he pasado bien charlando contigo.
It's been fun talking to you.

Lo pasé bien.
I had a good time. / I enjoyed every minute of it.

Lo pasé mal.
I had a hard time.

Lo pasé en grande.
I had the time of my life.

Lo pasamos en grande.
We had the time of our lives.

¿Ha pasado el cartero?
Has the postman been?

Pasamos la noche en casa de Betty.
We stayed the night at Betty's house.

Pásame la sal, por favor.
Pass me the salt, please.

Nancy pasó a hablar del tiempo.
Nancy went on to speak about the weather.

Pasemos a otra cosa.
Let's go on to something else.

Se hizo pasar por escritor.
He passed himself off as a writer.

No quiero que los chicos pasen hambre.
I don't want the boys to go hungry.

Pásalas (fotos).
Pass them round.

Pase sin llamar.
Don't knock; step right in.

Amy pasó por nuestro lado.
Amy passed us.

Mándales pasar.
Call them in.

Hazles pasar.
Send them in.

La carretera es demasiado estrecha para que pasen los coches.
The road is too narrow for cars to pass.

Pasó por delante de la tienda.
She passed the shop. / She walked past the shop. / She went past the shop. / She went by the shop.

¿Qué te pasa?
What's wrong with you? / What's the matter with you?

¿Qué le ha pasado?
What has happened to him?

¿Pasa algo?
Is something the matter?

¿Qué le pasa al coche?
What's wrong with the car?

Algo le pasa al coche.
Something is wrong with the car.

¿Qué pasa aquí?
What's going on here?

Pasen por aquí, por favor.
Please step this way. / This way, please.

A mí me pasa lo mismo.
It's the same with me.

A mí me pasa lo contrario.
It's the other way around with me.

No me pasa nada.
There is nothing the matter with me.

Lo que pasó fue que se cayó por las escaleras.
What happened was that he fell down the stairs.

PASARSE

Te has pasado un poco.
You've overdone it a bit.

Se me pasó llamarte por teléfono.
I forgot to phone you.

El conductor se pasó un semáforo en rojo.
The driver ran through a red light.

Un diccionario es algo sin lo que no podemos pasarnos.
A dictionary is something we can't do without.

Cuando nos falta dinero, nos pasamos sin galletas.
When we're short of money, we do without biscuits.

PASEO

Les llevaré a dar un paseo en coche.
I'll take them for a drive. / I'll take them for a ride in the car.

Llévanos a dar un paseo en tu coche.
Take us for a run in your car.

Vamos a dar un paseo.
Let's go for a walk.

Llévate a los niños de paseo.
Take the children for a walk.

PASO

El garaje está sólo a un paso del centro de la ciudad.
The garage is only a short walk from the city centre.

Un paso más y eres hombre muerto.
One more step and you are a dead man.

¡Abran paso!
Make way!

No sé cuándo terminará a ese paso.
I don't know when he'll finish at that rate.

PASOS

Siguió los pasos de su padre.
He followed in his father's footsteps.

Da dos pasos hacia delante y dos pasos hacia atrás.
Take two steps forward and two steps back.

PATA

¿Puedes saltar a la pata coja?
Can you hop on one leg?

PATADA

Abrió la puerta de una patada.
He kicked open the door.

PATAS

Bob andaba a cuatro patas.
Bob walked on all fours.

PAZ

Déjanos en paz.
Leave us alone. / Let us alone.

Vengo en son de paz.
I come in peace.

PECHO

No lo tomes a pecho.
Don't take it too hard. / Don't take it to heart.

Tom es ancho de pecho.
Tom has a broad chest.

PEDIR

Pide un diccionario.
Ask for a dictionary.

Pídele un diccionario.
Ask him for a dictionary.

Pide un diccionario a Betty.
Ask Betty for a dictionary.

Pídeselo.
Ask him for it.

Pídele que venga.
Ask him to come.

¿Quién puede pedir más?
Who can ask for anything more?

¿Cuánto pides por el coche?
How much are you asking for the car?

PEGAR

Pega un sello en este sobre.
Stick a stamp on this envelope.

El viejo pegó al chico.
The old man beat the boy.

Me vas a pegar el resfriado.
You'll make me catch your cold.

PEGARSE

Esto se pega al papel.
This sticks to paper.

PEINARSE

Liz siempre se peina para atrás.
Liz always combs her hair back.

Me gustaría peinarme como Jean.
I'd like to do my hair like Jean's.

Betty se peinó.
Betty did her hair.

La niña se está peinando.
The girl is combing her hair.

PELEARSE

Se pelearon por el dinero.
They had a quarrel about the money.

PELIGRO

No hay peligro de caerse.
There's no danger of falling down.

Bob está en un grave peligro.
Bob is in very serious danger.

PELIGROSO

No es peligroso.
It's quite safe.

PELO

Tiene el pelo castaño.
*He has brown hair. / His hair is
     brown.*

Mi hija tiene el pelo muy bonito.
My daughter has beautiful hair.

Suéltate el pelo.
Let your hair down.

Se me está cayendo el pelo.
My hair is growing thin.

Lleva el pelo a lo chico.
Her hair is cut short as a boy's.

Lleva una cinta en el pelo.
She has a ribbon in her hair.

Lleva una flor en el pelo.
She has a flower in her hair.

Me estás tomando el pelo.
You are pulling my leg.

PELOS

Aquello me puso los pelos de punta.
That made my hair stand on end.

PELLEJO

No me gustaría estar en su pellejo.
I wouldn't like to be in his shoes.

PENA

Vale la pena ver esa película.
That film is worth seeing.

No vale la pena hablar de eso.
That isn't worth mentioning.

No vale la pena.
It isn't worth while.

Merece la pena hacerlo.
It is worth doing.

El me da pena.
I feel sorry for him.

Valió la pena esperar.
It was worth waiting for.

Es una pena que no puedas
     quedarte a cenar.
It's a pity you can't stay to dinner.

PENSADO

No está mal pensado.
That's not a bad idea.

PENSAMIENTO

Tuve un pensamiento.
A thought came into my mind.

Me asaltó un pensamiento.
I was struck with a sudden thought.

PENSAR

¿Cuánto tiempo piensas quedarte en
Madrid?
*How long do you mean to stay in
Madrid?*

Piénsatelo.
Think it over.

Lo pensaré.
I'll think it over.

Pensé en ti.
I thought of you.

Pensó hacerlo.
He thought of doing it.

Estoy pensando en ir a Roma.
I'm thinking of going to Rome.

No pienses más en ello.
Don't give it another thought.

Pienso, luego existo.
I think, therefore, I am.

PENSATIVO

Robert está pensativo.
Robert is deep in thought.

PEOR

Llevó la peor parte.
He got the worst of it.

Lo peor era que estábamos muy
cansados.
*The worst of it was that we were very
tired.*

Podría haber sido peor.
It might have been worse.

PERCHA

El abrigo estaba en la percha.
The coat was on the hook.

PERDER

He perdido el autobús, así que
tendré que tomar un taxi.
*I've missed the bus, so I'll have to
take a taxi.*

No pierdas el tiempo.
Don't waste your time.

Siento haberle hecho perder tanto
tiempo.
*I'm sorry to have taken up so much
of your time.*

PERDERSE

¿Qué se ha perdido?
What has been lost?

No te pierdas esa película.
Don't miss that film.

El chico se perdió.
*The boy got lost. / The boy lost his
way.*

PERDIDA

Es una pérdida de tiempo.
It's a waste of time.

No tiene pérdida (un lugar).
You can't miss it.

PERDIDO

Eso puede darse por perdido.
That is as good as lost.

PERDONAR

No puedo perdonarte que hayas
dicho eso.
I can't forgive you for saying that.

Espero que me perdone.
I hope you'll excuse me.

Perdóname por llegar tarde.
Excuse me for being late.

PERFECTAMENTE

Este reloj va perfectamente.
This watch keeps perfect time.

Le entiendo perfectamente.
I quite understand you.

PERIODICO

Quiero un periódico de ayer.
I want a newspaper from yesterday.

PERMISO

Vino a casa de permiso.
He came home on leave.

PERMITIR

¿Me permites que me quede aquí?
Will you allow me to stay here?

PERSONA

Era la modestia en persona.
He was modesty itself.

PERSUADIR

Le persuadí para que fuera.
I persuaded him to go.

PERTENECER

¿A qué club perteneces?
Which club do you belong to?

PESADO

Es muy pesado (un alimento).
It's rather heavy to eat.

Lo encontré pesado (un relato).
I found it heavy going.

Es un chico muy pesado.
He's a very boring boy.

PESAR

La caja no pesa mucho.
The box does not weigh much.

Esta maleta pesa 7 kilos.
This case weighs 7 kilos.

Las dos maletas pesan lo mismo.
Both cases are the same weight.

¿Cuánto pesas?
What's your weight? / What do you weigh?

Peso 75 kilos.
My weight is 75 kilos.

PESARSE

Me pesé ayer.
I weighed myself yesterday.

PESCAR

¿Se puede pescar en este río?
Can you catch fish in this river?

Pescó un pez muy grande.
He caught a very big fish.

PESIMAMENTE

Lo hizo pésimamente.
He did it extremely badly.

PESIMISTA

Tom siempre es pesimista.
Tom always looks on the dark side.

PESO

Lucy ha perdido peso.
Lucy has lost weight.

Se me quita un gran peso de encima.
That's a great weight off my mind.

Me has quitado un gran peso de encima.
You've taken a load off my mind.

Las ramas se curvaban bajo el peso de la nieve.
The branches bent under the weight of snow.

PIANO

Se sentó al piano y tocó una canción.
He sat at the piano and played a song.

Fred la acompañó al piano.
Fred accompanied her on the piano.

PICAR

La avispa me picó en la mano.
The wasp stung me on the hand.

El gallo picó al pato.
The cock bit the duck.

Si te pica, ráscate.
Scratch yourself if you itch.

Me picó un insecto en la pierna y ahora me pica.
An insect bit my leg and now it's itching.

PIE

Cayó al agua de pie.
He hit the water feet first.

Me dio la mano y me ayudó a ponerme de pie.

He gave me his hand and helped me to my feet.

¡Ponte de pie!
On your feet!

Estoy de pie todo el día.
I'm on my feet all day.

El público se puso en pie aplaudiendo.
The audience rose to its feet clapping.

Perdí pie (en el agua).
I was out of my depth.

PIEDAD

¡Qué el Señor tenga piedad de ellos!
The Lord have mercy on them!

PILLARSE

Me pillé el dedo con la puerta.
I caught my finger in the door.

PINCHAR

Hemos pinchado.
We've got a puncture.

Si pinchas ese globo con un alfiler, reventará.
If you stick a pin in that balloon, it will burst.

PINCHARSE

Se pinchó la rueda delantera.
The front tyre got a puncture.

Johnny se pinchó un dedo con una espina.
Johnny pricked his finger on a thorn.

PINTAR

Quiere que lo pinte de este color.
He wants me to paint it this colour.

Me pintaron el coche de rojo.
I had my car painted red.

PINTARSE

Mary se ha pintado los labios.
Mary has lipstick on her lips. / Mary is wearing lipstick.

Normalmente no me pinto los labios.
I don't usually wear lipstick.

PIPA

Está fumando en pipa.
He is smoking a pipe.

Están fumando en pipa.
They are smoking pipes.

PISAR

No pisen la hierba.
Keep off the grass.

Perdona, ¿te he pisado?
I'm sorry, was that your foot?

No me pises.
Don't step on my toes.

La chica pisó un charco y se mojó los pies.
The girl stepped in a puddle and got her feet wet.

PISO

¿En qué piso vive?
What floor does he live on?

Vive en el tercer piso.
He lives on the third floor.

PISOS

La casa tiene tres pisos.
The house is a three-storey one.

PISTA

Le he seguido la pista.
I've trailed him.

PISTOLAS

Les apuntaron con pistolas.
They pointed pistols at them.

PITO

El chico llevaba un pito colgado de una cadena.
The boy carried a whistle on a chain.

PIZCA

¡Ni pizca!
Not a bit!

PLANO

Hay un perro en primer plano de la pintura.
There is a dog in the foreground of the picture.

PLAYA

Estaban sentados en la playa.
They were sitting on the beach.

PLAZOS

Compre a plazos, sin entrada.
Buy on credit, no down-payment.

Compré este ordenador a plazos.
I bought this computer on credit.

POCO

Espera un poco.
Wait a bit.

El chico por poco se mata.
The boy nearly got killed.

Escapó de la muerte por poco.
He narrowly escaped death.

Siempre he dormido bien, hasta
    hace poco.
I've always slept well, till lately.

Hay un poco de mantequilla en el
    frigorífico.
There is a little butter in the fridge.

POCOS

Pocos estudiantes saben esta
    lección.
Few students know this lesson.

Unos pocos estudiantes han hecho
    este ejercicio.
*A few students have done this
    exercise.*

PODER

Haz todo lo que puedas.
Do your best.

No pudo tomar el autobús.
*He failed to catch the bus. / He didn't
    succeed in catching the bus.*

Era tan alto que casi no podía entrar
    en el coche.
*He was so tall that it was hard for
    him to get into the car.*

Era una mesa que pesaba tanto que
    no podía con ella.
*It was such a heavy table that I
    couldn't lift it.*

No tienes poder sobre ellos.
You have no power over them.

POLICIA

La policía está tras los ladrones.

The police are after the thieves.

La policía ha encontrado al ladrón.
The police have found the thief.

La policía vino en sus coches.
The police came in their cars.

¿Es usted de la policía?
Are you from the police?

Deberíamos llamar a la policía.
We'd better get the police.

POLICIAS

Había policías por todas partes.
There were police everywhere.

POLVO

Soplé el polvo del libro.
I blew the dust off the book.

Tienes que quitar el polvo de los
    muebles.
You have to dust the furniture.

PONER

¿Qué ponen hoy en el cine?
What's on at the cinema today?

Ponen una película muy interesante
    en el cine.
*There's a very interesting film on at
    the cinema.*

¿Qué ponen en el Alhambra?
*What are they showing at the
    Alhambra? / What's on at the
    Alhambra?*

Ponen "Hamlet".
They are showing "Hamlet".

Ponlo en esa caja.
Put it in that box. / Put it into that box.

Pon ese bolígrafo donde lo cogiste.
Put that ballpoint pen back where you got it.

Puse mi reloj en hora por el Big Ben.
I set my watch by Big Ben.

Puso un papel en la máquina de escribir.
He put a sheet of paper into the typewriter.

Ponme los sellos en los sobres, por favor.
Put the stamps on the envelopes for me, please.

¿Ponemos música?
Shall we have some music?

Debo ir a poner el coche en marcha.
I must go and get the car started.

No debes poner la radio ni hacer ruido.
You mustn't play the radio or make a noise.

Me gustaría poner una escuela para enseñar inglés.
I'd like to start a school for teaching English.

PONERSE

Se puso a trabajar.
He got to work. / He set himself to work.

Se puso a leerlo.
He set about reading it.

Se puso colorado.
He went red.

Se puso la chaqueta.
He put on his jacket. / He put his jacket on.

Se puso el pijama.
He got into his pyjamas.

No puedo ponerme el zapato.
I can't get my shoe on.

Ponte ahí (de pie).
Stand there.

¡Ponte de pie!
Stand up!

Jean se puso la ropa de Betty.
Jean changed into Betty's clothes.

Se puso un abrigo por los hombros.
She put a coat round her shoulders.

Ayúdame a ponerme el abrigo.
Help me on with my coat.

Se puso a trabajar.
He got to work. / He started work. / He got down to work.

El sol se pone por la tarde.
The sun goes down in the evening.

POR

Fueron por las calles de la ciudad.
They went through the streets of the city.

Andy corría por la calle.
Andy was running along the street.

Le metieron preso por robar en un banco.
He was put in prison for robbing a bank.

Le enviaron a prisión por robo.
He was sent to prison for theft.

Le duele el estómago por comer demasiado.
He has a stomachache from eating too much.

Empecemos por leerlo.
Let's begin by reading it.

Terminó por hablar en español.
He finished by speaking in Spanish.

La fuente debe de estar por aquí.
The fountain must be somewhere round here.

El ascensor está por ahí a la derecha.
The lift is through there on the right.

¿Viste a una mujer venir por aquí?
Did you see a woman come by here?

Mucha gente murió por falta de comida.
Many people died through lack of food.

Llévate la gabardina por si llueve.
Take your raincoat with you in case it rains.

Ha llovido por la noche.
It has rained in the night.

Vamos a pasear por el jardín.
Let's walk in the garden.

Hazlo por mí.
Do it for my sake.

Cuatro por cinco son veinte.
Four times five equals twenty.

¿Cuánto es nueve por siete?
What are nine sevens?

Dos por cuatro son ocho.
Twice four is eight.

Fuimos a Londres por París.
We travelled to London via Paris.

Por mí está bien.
That's fine with me.

Era viernes por la noche.
It was Friday night.

Entró por la puerta del jardín.
He went in through the garden gate.

Vamos a cruzar por este puente.
Let's cross by this bridge.

La habitación tiene 12 pies por 15.
The room is 12 feet by 15.

Me gustaría ir por todo el mundo.
I'd like to go all over the world.

La hierba crece por todo el jardín.
Grass is growing all over the garden.

Sólo se interesa por el dinero.
He only takes an interest in money.

Vamos por el camino equivocado.
We are going the wrong way.

Ayer hablé con ella por teléfono.
*I spoke to her on the telephone
yesterday.*

Esta sinfonía fue compuesta por
Beethoven.
*This symphony was composed by
Beethoven.*

Le doy gracias a Dios por mi buena
fortuna.
I thank God for my good fortune.

La puerta estaba cerrada con la llave
por dentro.
*The door was locked with the key on
the inside.*

Voy a cambiar mi coche por una
moto.
*I'm going to exchange my car for a
motorcycle.*

Sam conducía a unas 50 millas por
hora.
*Sam was driving at about 50 miles
an hour.*

PORTARSE

Pórtate bien.
Behave yourself.

Te portas como un chiquillo.
You're just being childish.

El botones se ha portado muy bien.
The bellboy has been most helpful.

POSARSE

El pájaro se posó en el árbol.
The bird settled in the tree.

POSIBILIDAD

No hay posibilidad de ir allí.

There is no possibility of going there.

POSIBLE

Es muy posible que Jim tenga razón.
It's quite possible that Jim is right.

PRACTICA

Nunca podré ponerlo en práctica.
*I'll never be able to put it into
practice.*

PRECIO

¿Qué precio tiene?
What's the price of it?

Han subido el precio.
They've put up the price.

PRECIPITARSE

No te precipites.
*Take your time. / Don't jump to
hasty conclusions.*

PRECISAMENTE

Usted es precisamente el hombre a
quien quería ver.
You're the very man I wanted to see.

¡Precisamente lo que necesito!
Just the thing I want!

PREFERIR

Prefiero el cine al teatro.
I prefer the cinema to the theatre.

Prefiero quedarme en casa.
*I prefer to stay at home. / I prefer
staying at home.*

Prefiero ver la película a leer la
novela.
*I prefer to see the film rather than
read the novel.*

Prefiero un coche grande a uno pequeño.
I prefer a big car to a small one.

Preferiría ser profesor antes que médico.
I'd much rather be a teacher than a doctor.

Preferiría tomar café.
I'd rather drink coffee.

Preferiría ir a Londres antes que quedarme aquí.
I'd rather go to London than stay here.

Preferiría que no te quedaras aquí.
I'd rather you didn't stay here.

PREGUNTA

Quiero hacer una pregunta.
I want to ask a question.

Quiero hacerte una pregunta.
I want to ask you a question.

Quiero hacer una pregunta a Mark.
I want to ask Mark a question.

PREGUNTAR

Un señor pregunta por ti.
A man is asking for you.

El profesor preguntó las lecciones a los alumnos.
The teacher asked the students about their lessons.

Pregunté por su salud.
I asked after his health.

Pregunté el precio de la corbata.
I asked the price of the tie.

Un chico me preguntó la hora.
A boy asked me the time.

Le pregunté por el dinero.
I asked him about the money.

Pregunta a ese guardia el camino.
Ask that policeman which way to go.

PREGUNTARSE

Me pregunto cómo es ella.
I wonder what she's like.

PREMIO

He ganado un premio de 10.000 libras.
I've won a £10,000 prize.

PREOCUPACION

Este asunto ha sido siempre una preocupación para mí.
This business has always been a headache to me.

PREOCUPADO

¿Estás preocupado por algo?
Are you worried about something?

PREOCUPARSE

No te preocupes.
Don't worry. / Take it easy.

No te preocupes por mí.
Don't worry about me.

No te preocupes por ello.
Don't worry about it.

No te preocupes si llego tarde.
Don't be anxious if I'm late.

'No hay por qué preocuparse.
*You've nothing to worry about. /
You've no need to worry. / You
needn't worry. / There's no need
to worry.*

PREPARAR

Prepara la cena.
Get dinner ready.

PREPARARSE

Prepárate.
Get ready. / Get yourself ready.

Prepárate para marcharte.
Get ready to go.

Mary está preparándose para el
examen.
*Mary is preparing for the
examination.*

Me estoy preparando para el viaje.
I'm getting ready for the journey.

PRESENTAR

¿Puedo presentarle a Mr Green?
May I introduce you to Mr Green?

PRESENTARSE

Permítame que me presente.
Let me introduce myself to you.

Se presentó la oportunidad.
*The opportunity occurred. / The
opportunity came along.*

PRESTAR

¿Me prestas tu libro?
May I borrow your book?

Presta atención a lo que digo.
Pay attention to what I say.

¿Puedes prestarme una libra?
Can you lend me a pound?

PRIMERO

Fui el primero en hablar.
I was the first to speak.

Vaya usted primero.
You lead the way.

PRINCIPIO

Empecemos por el principio.
Let's begin at the beginning.

PRISA

Tenía mucha prisa.
He was in a great hurry.

No hay prisa.
There's no hurry.

No tengo prisa.
I'm in no hurry.

Tengo prisa.
I'm in a hurry.

¿Qué prisa tienes?
What's the rush?

Date prisa.
Hurry up. / Be quick.

¿Por qué tanta prisa?
Why all this hurry?

No tienes prisa, ¿verdad?
You are not in a hurry, are you?

Debes darte prisa con estas
cartas.
*You must hurry up with these
letters.*

Date prisa en comerte la sopa.
Hurry up and eat your soup. / Hurry up with your soup.

Debo darme prisa.
I must hurry away.

PRISIONERO

Le hicieron prisionero.
He was taken prisoner.

PRIVARSE

No se priva de nada.
He doesn't deprive himself of anything.

PROBABILIDADES

Las probabilidades son de diez a una.
The chances are ten to one.

PROBAR

Prueba con fuerza.
Try hard.

Probemos.
Let's have a go.

Prueba tú.
Have a go. / Have a try.

Prueba este sofá.
Try out this sofa.

PROBARSE

Pruébate este traje.
Try this suit on. / Try on this suit.

Pruébatelo para ver la talla.
Try it on for size.

Tengo que ir al sastre a probarme.
I must go to the tailor for a fitting.

Se probó los zapatos antes de comprarlos.
He tried on the shoes before he bought them.

PROBLEMA

Si hay algún problema, comunícamelo enseguida.
If there is any trouble, let me know at once.

PROBLEMAS

Nunca tengo problemas con ello.
I never have any bother with it.

PROFESION

James Smith es médico de profesión.
James Smith is a doctor by profession.

PROFUNDIDAD

¿Qué profundidad tiene este río?
How deep is this river? / What is the depth of this river?

Cavó un hoyo de tres pies de profundidad.
He dug a hole three feet deep.

El asunto fue analizado en profundidad.
The subject was analyzed in depth.

PROMETER

Promete que no lo dirás.
Promise you won't tell.

Te prometo que telefonearé cuando llegue a casa.
I promise you I will phone when I get home.

Prometió visitarnos la próxima vez
que viniera a Madrid.
*He promised to visit us the next time
he came to Madrid.*

Lo haré; lo prometo.
I'll do it; I promise.

Por favor, prométemelo.
Please promise me. .

Prométeme que no te olvidarás.
*Promise you won't forget. / Promise
me you won't forget.*

PRONTO
Hazlo tan pronto como te sea
posible.
*Do it as soon as you possibly
can.*

Larry estará aquí pronto.
Larry will be here shortly.

PROPINA
Mi hermano dio una propina al
camarero.
My brother tipped the waiter.

PROPIO
Tiene coche propio.
He has a car of his own.

PROPONER
Les propuse ir allí.
*I proposed to them that we should go
there.*

PROPORCIONAR
¿Puedes proporcionarme otra lista
de precios?
*Can you supply me with a new price
list?*

PROPOSITO
A propósito, ¿leíste el libro?
By the way, did you read the book?

Lo hiciste a propósito.
You did that deliberately.

PUERTA
Cerró la puerta de un portazo.
He slammed the door hard.

Te esperaré a la puerta del cine.
I'll wait for you outside the cinema.

Te acompañaré hasta la puerta.
I'll show you to the door.

Esta puerta se abre hacia adentro.
This door opens inwards.

PUERTAS
Los Brown viven dos puertas más
allá.
*The Browns live two doors away. /
The Browns live two doors down.*

PUESTO
¿Qué llevaba puesto Liz?
*What did Liz have on? / What was
Liz wearing?*

Entró en la habitación con el
sombrero puesto.
*He went into the room with his hat
on.*

PUJAR
Pujó por el cuadro.
He bid for the picture.

PULSO
El doctor le tomó el pulso a John.
The doctor felt John's pulse.

PUNTA

¡Lo tengo en la punta de la lengua!
It's just on the tip of my tongue!

Mi lápiz no tiene punta.
My pencil has got blunt.

PUNTILLAS

Sammy entró de puntillas.
Sammy came in on tip-toe. / Sammy tip-toed in.

PUNTO

Estuve a punto de caerme.
I was within an ace of falling down. / I was about to fall down.

La película está a punto de empezar.
The film is about to start.

PUÑETAZO

Dio un puñetazo en la mesa.
He banged the table with his fist.

Le di un buen puñetazo en la nariz.
I gave him a good punch on the nose.

Q

QUE

¿Qué quieres tomar, jerez o coñac?
Which will you have, sherry or brandy?

¿En qué quedamos?
So what's it to be?

¿A que no lo adivinas?
I bet you can't guess.

¡Bien!, ¿y qué?
Well, what of it?

No sé qué elegir.
I don't know what to choose.

No sé qué lugar elegir.
I don't know which place to choose.

Cuesta más que comprar una bicicleta nueva.
It costs more than buying a new bicycle.

Es necesario que vengas.
It's necessary for you to come.

Es más rápido enviarlo por avión que por barco.
It's quicker to send it by plane than by boat.

Puede ser más económico comprar un piso que alquilarlo.
It can be more economical to buy a flat than to rent it.

Este libro es muy interesante para estudiantes que trabajan por su cuenta.
This book is very interesting for students working on their own.

¡Qué de niños!
What a lot of children!

Ian tiene la misma edad que Jean.
Ian is the same age as Jean.

¡Qué bonito!
How beautiful!

¡Qué día tan hermoso!
What a lovely day!

QUEDAR

¿Cuánto tiempo te queda?
How much time have you got left?

Aún quedan diez minutos.
You still have ten minutes. / You have ten minutes left.

Este es el único libro que queda.
This is the only book left.

No queda mucho tiempo.
There's not much time left.

Sólo me queda una cosa por hacer.
There's only one thing for me to do.

Sólo quedan cinco días para terminar el mes.
Only five days to the end of the month.

Sólo quedan dos horas hasta su partida.
There are only two hours to go before she leaves. / There are only two hours left till her departure.

Me lo quedo (al comprar).
I'll take it.

Me quedan 1.000 libras.
I have £1,000 left.

Ya no me queda dinero.
I have no money left.

No queda jerez.
There isn't any sherry left.

¿Queda algo de cerveza?
Is there any beer left?

Aún me queda mucho por recorrer.
I still have a long way to go.

No nos queda mucho para comer.
There is not much left for us to eat.

Nos quedan dos libros más que leer.
We have two more books to read.

Si tienes cincuenta libras y te gastas diez, ¿cuánto te queda?
If you have fifty pounds and spend ten pounds, how much will you have left?

QUEDARSE

Se quedaron a cenar.
They stayed to dinner. / They stayed for dinner.

Se quedó soltera.
She remained a spinster.

La ropa se le quedó pequeña.
She grew out of her clothes.

Se quedó callado.
He remained silent.

Se quedó sin habla.
It struck him dumb.

Se quedó pobre al morir su madre.
She was left poor on her mother's death.

¿Dónde nos quedamos? (en una lectura).
Where did we leave off?

Quédese con el cambio.
Keep the change.

Quédate donde estás.
Stay where you are.

QUEJARSE

Siempre te estás quejando de ellos.
*You're always complaining about
them.*

Se quejaron de que Tom se gastó el
dinero.
*They complained that Tom spent all
the money.*

Se quejaba mucho del frío y de la
humedad.
*She complained a lot about the cold
and the wet.*

¿De qué se queja John?
What's John complaining about?

Henry se quejaba de tener
demasiados deberes de la
escuela.
*Henry complained of having too
much homework.*

QUEMAR

Quemaron el montón de basura.
They set fire to the heap of rubbish.

QUEMARSE

The toast has burnt.
La tostada se ha quemado.

La casa se quemó totalmente.
The house was burnt down.

No juegues con cerillas; puedes
quemarte.
*Don't play with matches; you may
burn yourself.*

QUERER

Lo hice sin querer.
I did not do it intentionally.

Quiero que nos casemos.
I want us to get married.

Te hice daño sin querer.
I didn't mean to hurt you.

¿Quieres un poco de jerez?
Have some sherry?

Cómetelo si quieres.
Eat it if you want to.

¿Querrías abrir la ventana, por
favor?
*Would you open the window,
please?*

Quiero unas medias del número
nueve, por favor.
*I want some stockings size nine,
please.*

QUIEN

¿Quién es? (a la puerta).
Who is it?

¿Quién vive?
Who goes there?

¿Quién era el que vino a verle?
Who was it who came to see him?

¿Quién es el que baja por las
escaleras?
Who is that going down the stairs?

¿Quién es más alto, tú o tu
hermano?
Who is taller, you or your brother?

¿A quién viste?
Who did you see?

¿A quién se lo diste?
Who did you give it to?

¿Con quién fuiste?
Who did you go with?

Al final fue ella quien habló.
At last it was she who spoke.

Di que es a mí a quien quieres.
Say it's me that you love.

Tony debe de haber prestado el libro
a alguien, pero ¿a quién?
*Tony must have lent the book to
somebody, but to whom?*

QUIETO
¡Estate quieto; no te muevas!
Keep still; don't move!

QUINIELAS
Ganó mucho dinero en las quinielas.
He won a lot of money on the pools.

QUITAR
Quita los pies de la mesa.
Take your feet off the table.

Quita la tapa de la máquina de
escribir.
Take the cover off the typewriter.

Quita el cuadro del marco.
Take the picture out of its frame.

¡Quita las manos del dinero!
Take your hands off the money!

No puedo quitar esta mancha.
I can't get this stain off.

Es difícil quitar manchas de pintura
del suelo.
*It's difficult to clean paint marks off
the floor.*

Era un problema que le quitaba el
sueño.
*It was a question that gave her
sleepless nights.*

Ese edificio alto quita la vista.
That tall building blocks the view.

Le quitaré esa costumbre de
mentir.
I'll rid him of that habit of lying.

Me quitó el libro.
He took the book from me.

Sally quitó la mesa (después de
comer).
Sally cleared away the dishes.

QUITARSE
Quítate ese cigarrillo de la boca.
*Take that cigarette out of your
mouth.*

Quítate la chaqueta.
*Take off your jacket. / Take your
jacket off.*

Quítate de mi camino, por favor; me
estorbas.
Please move; you're in my way.

¡Quítate de en medio!
Move out of my way!

Se me ha quitado el catarro.
My cold has quite gone.

Tengo una tos terrible que no se me quita.
I have a nasty cough which won't go away.

La pintura se ha quitado aquí.
The paint has come off here.

Ayúdame a quitarme el abrigo.
Help me take off my coat. / Help me off with my coat.

¿Puedes quitarte el anillo del dedo?
Can you get the ring off your finger?

No te quites el sombrero.
Keep your hat on.

R

RADIO

Pon la radio.
Switch on the radio. / Switch the radio on.

Quita la radio.
Switch off the radio. / Switch the radio off.

¿Tienes radio?
Have you got a radio?

¿Qué ponen en la radio esta mañana?
What's on the radio this morning?

La radio está encendida.
The radio is on.

La radio está apagada.
The radio is off.

RARO

No noté nada raro.
I didn't notice anything unusual.

RASCARSE

Si te pica, ráscate.
Scratch yourself if you itch.

El perro se estaba rascando.
The dog was scratching itself.

RASGAR

Me rasgué la camisa con ese clavo.
I tore my shirt on that nail.

RAYO

El árbol fue alcanzado por un rayo.
The tree was struck by lightning.

RAZON

Esa es una buena razón para no venir.
That's a good reason for not coming.

No hay razón para que vayas a casa.
There's no reason for you to go home.

Tienes toda la razón.
You're absolutely right.

REALIDAD

En realidad no la conozco.
I don't actually know her.

REBAJAR

Rebajó el precio en un 25%.
He reduced the price by 25%.

Rebajó un 25% de la factura.
He knocked 25% off the bill.

RECADO

¿Quiere dejar un recado?
Can I take a message?

RECIBO

¿Me da un recibo, por favor?
May I have a receipt, please?

RECOGER

Recógelo del suelo.
Pick it up from the floor.

RECOMENDAR

Se recomienda que los turistas
visiten este museo.
*It is recommended that tourists visit
this museum.*

Recomendamos que el párrafo se
lea primero.
*We recommend that the passage
should be read first.*

RECONOCER

No la reconocí con el vestido nuevo.
*I didn't recognize her in her new
dress.*

RECORDAR

Le recuerdo vagamente.
I remember him vaguely.

Recuerdo haber visto esta película
antes.
I remember seeing this film before.

Ella me recuerda a tu hermana.
She reminds me of your sister.

Recuérdalo.
Keep that in your mind.

Esta inundación es la peor que se
recuerda.
This flood is the worst on record.

Por favor, recuérdame que tengo
que comprar sobres.
*Please remind me to buy some
envelopes.*

RECORRER

¿Cuánto han recorrido desde las
diez?
*How far have they gone since ten
o'clock?*

Deben de haber recorrido mucho.
They must have gone a long way.

Cuando habían recorrido tres o
cuatro millas, el coche se paró.
*When they had driven three or four
miles, the car stopped.*

RECOSTARSE

Se recostó en la silla con los ojos
medio cerrados.
*He leaned back in his chair with his
eyes half closed.*

RECUERDOS

Adiós, Ann, y da recuerdos a Peter.
*Good-bye, Ann, and give my regards
to Peter.*

Dale recuerdos cuando le escribas.
*Give him my best wishes when you
write to him.*

Da recuerdos a todos en casa.
*Remember me to everybody at
home.*

Da recuerdos a tu padre.
Remember me to your father.

REFUGIARSE
Refúgiate debajo de un árbol.
Take shelter under a tree.

REGALAR
Me regaló este anillo por mi
cumpleaños.
*He gave me this ring for my birthday.
/ He gave me this ring for a
birthday present.*

No lo vendemos; lo regalamos.
We don't sell it; we give it free.

Regalan libros.
They are giving books away.

Le regalamos un libro.
We made him a present of a book.

¿Compraste el libro o te lo
regalaron?
*Did you buy the book or did you get it
as a gift?*

Estos son los libros que he
comprado para regalárselos a mi
sobrina.
*These are the books I've bought as
presents for my niece.*

REGALO
Te traigo un regalo.
I've brought you a present.

REGAR
Comimos buen queso y lo regamos
con vino tinto.
*We ate good cheese and washed it
down with glasses of red wine.*

Bob está regando el jardín.
Bob is watering the garden.

REGLA
Mis documentos están en regla.
My papers are in order.

La excepción confirma la regla.
The exception proves the rule.

REGRESAR
He regresado.
I am back.

¿Cuándo regresó?
When did he get back?

No quiero regresar tarde.
I don't want to be late getting back.

REIR
Martha se echó a reír.
*Martha burst out laughing. / Martha
burst into laughter. / Martha
started laughing.*

Todos rieron de lo que él dijo.
They all laughed at what he said.

REIRSE
Se rieron de nosotros.
They laughed at us.

Me reí de su forma de hablar.
I laughed at his way of speaking.

¿De qué te ríes?
What's so funny?

Se reirán de ti.
You will be laughed at.

RELOJ
Son las tres en aquel reloj.
That clock says three o'clock.

He puesto mi reloj con el Big Ben.
I've set my watch by Big Ben.

Puse el reloj en hora a las ocho.
I put my watch right at eight o'clock.

¿Qué hora es en tu reloj?
What time is it by your watch?

Mi reloj va bien.
My watch is right.

Mi reloj va atrasado.
My watch is slow.

Mi reloj va adelantado.
My watch is fast.

RELLENAR

Rellene este impreso.
Fill in this form.

REMEDIAR

No pude remediar reírme de ellos.
I couldn't help laughing at them.

REMEDIO

No tuvimos más remedio que volver
en tren.
*We had no choice but to return by
train.*

Ya no tiene remedio.
It can't be helped now.

REMETERSE

Remétete la camisa.
Tuck your shirt in.

REPASAR

Vamos a repasar la lección una vez
más.
Let's go over the lesson once more.

REPETIR

Le repetí todo lo que yo había dicho.
I repeated to him all that I had said.

Este programa no se volverá a
repetir.
*There will be no repeat of this
programme.*

REQUERIR

Esto requiere paciencia.
This needs patience.

Este asunto requiere atención.
This subject requires attention.

RESBALAR

Al bajar las escaleras resbalé.
*As I was going downstairs my foot
slipped.*

Resbalé en los escalones.
I slipped on the steps.

RESPIRACION

El chico contuvo la respiración un
minuto.
The boy held his breath for a minute.

RESPIRAR

Respiró profundamente.
He took a deep breath.

RESPONDER

No respondió.
He made no reply.

No respondemos de su conducta.
We cannot answer for his behaviour.

¡No me respondas!
Don't answer me back!

RESULTAR

Eso no va a resultar bien.
That's not going to work.

Resultó que eran turistas.
They turned out to be tourists.

Resultó bien.
It turned out all right.

Resultó que era pobre.
It turned out that he was poor.

Resultó que era verdad.
It turned out to be true.

RETIRARSE

Me retiré para no estorbar en su camino.
I stepped back to get out of his way.

RETRASO

Llegaron con una hora de retraso.
They came an hour late.

El tren va con retraso.
The train is running late.

RETRATO

Quiero tener un retrato tuyo.
I want to have a picture of you.

Ese es mi retrato.
That is my picture. / That is a picture of me.

REUNIR

He reunido una colección de fotografías.
I've put together a collection of photographs.

REVES

Este calcetín está del revés.
This sock is inside out.

Te has puesto el jersey al revés.
You've put your jersey on back to front.

Tienes la gorra al revés.
Your cap is on backwards.

Tienes el mapa al revés.
You've got the map the wrong way round.

RIO

París tiene río.
Paris stands on a river.

RISA

Se desternillaba de risa.
He roared with laughter. / He laughed himself sick.

Penny no podía responder de la risa.
Penny couldn't answer for laughing.

No es cuestión de risa.
It's no laughing matter.

ROBAR

Nos robaron en el piso cuando estábamos fuera.
We had our flat robbed when we were away.

Alguien ha robado el dinero del cajón.
Somebody has stolen the money from the drawer.

Me han robado el bolso.
My handbag has been stolen.

¡Me han robado!
I've been robbed!

No debo robarle más tiempo.
I must not take up any more of your time.

RODAR

Silencio, se rueda.
Silence, this is a take.

RODILLA

Hincó una rodilla en la tierra.
He bent down on one knee.

RODILLAS

Se puso de rodillas.
He fell on his knees.

ROMPER

Ha roto el compromiso con Angela.
He has broken off his engagement with Angela.

Me he roto la camisa.
I've torn my shirt.

Me he roto un brazo.
I've got a broken arm.

ROMPERSE

Kate se rompió un tobillo.
Kate broke her ankle.

El jarrón se rompió.
The vase got broken.

ROÑOSO

El cuchillo estaba roñoso.
The knife was rusty.

Mi casero es muy roñoso con la calefacción.
My landlord is very mean with the heating.

ROPA

La ropa estaba tendida.
The washing was on the line.

Ella viste casi exclusivamente con ropa de diseño.
She dresses almost exclusively in designer clothes.

ROTO

Tengo un roto en la camisa.
There's a hole in my shirt. / I've got a hole in my shirt. / I've torn a hole in my shirt.

Estoy roto de cansancio.
I am exhausted.

RUEDA

El coche tiene una rueda pinchada.
The car has a flat tyre.

RUIDO

No hagas ruido.
Don't make a noise. / Stop that noise.

No hagas tanto ruido.
Don't make so much noise. / Don't be so noisy.

No hagas ese ruido.
Don't make such a noise. / Don't make that noise.

¡Qué ruido hace!
What a noise it makes!

Se fue sin hacer ruido al andar.
He walked silently away.

S

SABER

¿Te sabe mal este pescado?
Does this fish taste bad to you?

Sabe a ajo.
It tastes like garlic. / It tastes of garlic.

Esto sabe bien.
This tastes good.

Saben hablar inglés.
They know how to speak English. / They can speak English.

¿Sabes de alguien que hable polaco?
Do you know anybody who speaks Polish?

Me alegra saber que prosperas.
I'm pleased to know you're doing well.

Lo sé todo.
I know all about it.

No sabía que supieras cantar.
I never knew that you could sing.

Nunca se sabe.
You never can tell.

¡Y yo qué sé!
How should I know!

SACAR

Sacó la pistola.
He pulled out his gun.

Saca al gato de ahí.
Get the cat out of there.

Sacó una pluma.
He took out a pen.

Sacó una pluma del bolsillo.
He took a pen out of his pocket. / He took a pen from his pocket.

Saca al perro de paseo.
Take the dog out for a walk.

No sacaremos nada de esto.
We'll get nothing out of this.

Saca el pecho.
Stick out your chest.

El inspector sacó el cuaderno.
The inspector pulled out his notebook.

Me sacaron una muela la semana pasada.
I had a tooth taken out last week.

El niño sacó la lengua.
The boy put out his tongue.

Saca el coche del garaje.
Get the car out of the garage.

Voy a sacar dinero del banco.
I'm going to take money out of the bank.

SACARSE

Me saqué la historia de la cabeza.
*I made the story up out of my own
head.*

¿De dónde se saca el algodón?
Where does cotton come from?

SALADA

La sopa está salada.
The soup tastes salty.

SALIDA

Esta es la salida.
This is the way out.

No queda otra salida.
There is no other course left.

SALIR

Salgo para París mañana.
I'm leaving for Paris tomorrow.

Mañana saldremos para casa.
We'll leave for home tomorrow.

El salió para casa a las cuatro.
He left for home at four o'clock.

Susan salió a la calle.
Susan went out into the street.

Le vi bajar las escaleras y salir a la
calle.
*I saw him walk down the stairs to the
street.*

Salimos de Madrid a las cinco.
We left Madrid at five o'clock.

El tren salió despacio de la estación.
*The train moved slowly out of the
station.*

Ya salimos para la estación.
We're off to the station now.

El tren no sale hasta las ocho.
The train doesn't go until eight.

¿A qué hora salieron para la
estación?
*At what time did they start off for the
station?*

Salieron de viaje.
*They set out on their journey. / They
set off on their journey.*

Salí de Londres a las dos.
*I set out from London at two o'clock.
/ I left London at two o'clock.*

Norman salió al pasillo.
Norman walked out into the corridor.

Salgamos al jardín.
Let's go out into the garden.

¡Sal de aquí!
Get out of here!

¡Sal de ahí!
Get out of there!

La foto ha salido muy bien.
The photo has turned out very well.

Te ayudaré a salir.
I'll help you out.

Salí de allí cuando era niño para ir a
América.
I left there as a boy to go to America.

El señor Parker ha salido.
Mr Parker is out.

El sol salió.
The sun came out.

El humo sale por la chimenea.
The smoke is going up the chimney.

De repente le han salido paperas.
He has suddenly developed mumps.

Le han salido granos.
He has broken out in pimples.

¿A qué hora sales de casa?
At what time do you leave home?

¿A qué hora sales de la oficina?
At what time do you leave the office?

Salieron corriendo.
*They hurried away. / They ran
    away. / They ran off.*

Todo salió mal al final.
Everything went wrong in the end.

SALIRSE
El baño se salió.
The bath overflowed.

Se salió con la suya.
He had his own way.

La tuerca se salió.
The nut came off.

SALTAR
Saltó por la ventana.
He jumped through the window.

Saltó la valla.
He climbed over the fence.

Saltó al camión.
He jumped on to the lorry.

Saltó una chispa.
A spark flew out.

Saltó de alegría.
He jumped for joy.

SALTO
Se levantó de un salto.
He jumped to his feet.

El gato se subió a un árbol de un
    salto.
The cat leaped up a tree.

SALUD
Me encuentro perfectamente de
    salud.
I'm in the best of health.

Vivir al lado del mar será bueno para
    tu salud.
*Living by the sea will do your health
    good.*

Pregunté por la salud de su
    hermano.
I asked after his brother.

¡A tu salud!
Here's to you!

SALUDAR
Le saludé con la mano.
I waved to him.

El guardia nos saludó llevándose la
    mano a la visera.
*The policeman touched the peak of
    his cap in salute.*

Tienes que saludarle.
You must say hello to him.

Ella me saludó con un movimiento
de la cabeza.
She greeted me with a nod.

SALVARSE

¡Sálvese quien pueda!
Every man for himself!

SALVO

Pronto estuvimos a salvo.
We were soon safe.

Llegaron a casa a salvo.
They came home safely.

SANGRE

Se me heló la sangre.
My blood ran cold.

SECAR

Vamos a secar estos vasos.
Let's dry up these glasses.

SECARSE

Sécate las manos con esta toalla.
Dry your hands on this towel.

Betty se secó el pelo con la toalla.
Betty towelled her hair dry.

El pozo se secó.
The well ran dry.

SECRETO

Guárdalo en secreto.
Keep it as a secret.

Me confiaron un secreto.
I was entrusted with a secret.

SEGUIR

¿Sigo leyendo?
Shall I go on reading?

No sigas hablando.
Stop talking.

Sigue hablando.
*Keep on talking. / Go on talking. /
Carry on talking.*

Sigue con la historia.
Go on with your story.

Siguió los pasos de su padre.
*He followed in the footsteps of his
father.*

Los seguí adentro.
I followed them in.

Yo te sigo.
You lead the way.

No le sigas llamando Johnny.
Don't keep calling him Johnny.

SEGURO

Está seguro de ganar.
He is sure to win.

SEMAFORO

El coche se paró en el semáforo.
The car stopped at the lights.

El semáforo se puso rojo.
The traffic-lights turned red.

Gire a la derecha en el semáforo.
Turn right at the traffic-lights.

SENSACION

Tengo la sensación de que le he
visto antes.
*I have a feeling that I have seen him
before.*

SENTADO

Estaba sentado a mi lado.
He was sitting beside me. / He was sitting next to me.

SENTAR

El coñac no me sienta bien.
Brandy does not agree with me.

El pescado me sentó mal.
The fish disagreed with me.

La medicina me sentó bien.
The medicine did me a lot of good.

El calor nunca me sentó bien.
Hot weather never suited me.

Me sentará bien una ducha.
It will do me good to have a shower.

Este vestido le sentará bien.
This dress will fit her.

Este sombrero te sienta mucho mejor.
This hat suits you much better.

SENTARSE

Sentémonos allí.
Let's sit over there.

Me senté a la mesa.
I sat at the table. / I seated myself at the table.

Siéntese.
Sit down. / Take a seat.

Siéntese aquí.
Sit here. / Sit down here.

Se sentaron a cenar.
They sat down to dinner.

SENTIDO

Eso no tiene sentido.
That doesn't make sense.

No tiene sentido conducir tan deprisa.
There is no sense driving so fast.

No tiene sentido quedarse aquí.
There's no point in staying here.

Recobró el sentido enseguida.
He came to at once.

SENTIR

Siento no ver a tu padre.
I'm sorry not to see your father.

Siento que esté enfermo.
I'm sorry that he is ill.

Siento muchísimo tener que decirte esto.
I'm terribly sorry to have to tell you this.

Ella siente mucho el frío.
She feels the cold very much.

SENTIRSE

¿Qué se siente al tener 99 años?
What does it feel like to be 99?

Me siento muy aliviado.
I feel very much relieved.

No me siento bien.
I'm not feeling well.

SEÑA

Me hizo una seña.
He made a sign to me.

Le hice una seña para que abriera la
    puerta.
*I made a sign to him to open the
    door.*

SEÑAL

Di 10 libras de señal.
I paid £10 as a deposit.

SEÑAS

Mándemelo a mis señas.
Send it to my home address.

Hice señas a un taxi.
I signalled for a taxi.

Le hice señas con la mano.
I waved my hand to him.

SEPARADO

Se venden por separado.
They are sold separately.

SEPARARSE

Tendremos que separarnos.
We'll have to separate.

Después de darse la mano, se
    separaron.
*After shaking hands, they parted
    company.*

No te separes de mí.
Stay near me.

SER

Lo que tiene que ser, será.
What will be, will be.

¿Cuánto es 4 más 5?
What is 4 and 5?

4 más 5 son 9.
4 and 5 make 9.

Dos y dos son cuatro.
Two and two make four.

¿Qué será de mí?
What's to become of me?

¿Eres tú?
Is that you?

Somos cinco.
There are five of us.

Eramos once en el avión.
There were eleven of us in the plane.

Fui yo quien lo hizo.
It was I who did it.

¿Quién es? –Soy yo.
Who is it? –It's me.

¿Quién es? –Soy Tony.
Who is it? –It's Tony.

¿Puede ser media hora más tarde?
    (al concertar una cita).
Can you make it half an hour later?

Después oímos un ruido; eran los
    niños.
*Later we heard a noise; it was the
    children.*

¿Qué ha sido de tu hermano?
What has become of your brother?

¿Qué ha sido de mi reloj?
What has happened to my watch?

¿Qué quieres ser cuando seas
    mayor?
*What do you want to be when you
    grow up?*

Creo que será un buen médico.
I think he'll make a good doctor.

¿Cuándo va a ser la boda?
When is the wedding to be?

SERVIR

Esta caja servirá de mesa.
This box will serve as a table.

No sirve de nada.
That's no good.

No sirve de nada preocuparse.
It's no use worrying. / It's no good worrying.

Esto sirve de cuchara.
This is used as a spoon.

Esta llave no sirve.
This key is of no use.

Este lápiz puede servir para dibujarlo.
This pencil can be used to draw it.

¿De qué sirve venir?
What's the use of coming?

¿En qué puedo servirle?
What can I do for you?

¿De qué sirve que yo vaya allí?
What's the use of my going there?

¿Para qué sirve esto? —Sirve para abrir latas.
What's this used for? —It's used for opening tins.

SERVIRSE

Sírvete jerez.
Help yourself to the sherry.

Sírvete (al ofrecer algo).
Do help yourself.

Se sirvió una taza de té.
He poured himself a cup of tea.

SI

Habló como si supiera todo.
He spoke as if he knew everything.

¿Y si tomamos algo?
What about a drink?

Aún no he decidido si quedarme en casa o no.
I have not decided yet whether or not to stay at home.

¿Cuándo me dirás que sí?
When will you say yes to me?

Este jersey dará de sí.
This jersey will give.

Este jersey parece pequeño, pero no te preocupes porque este tejido da de sí.
This sweater seems small, but don't worry because this material stretches.

A menudo luchan entre sí.
They often fight between themselves.

SIEMPRE

Llegas tarde, como siempre.
You're late, as usual.

SIGNIFICAR

Eso significa levantarse más temprano.
That means getting up earlier.

Eso significa mucho para mí.
That means a lot to me.

¿Qué significa esto?
What does this mean?

¿Qué significa para ti?
What does it mean to you?

SILENCIO

Se hizo un silencio.
There was silence.

¡Silencio!
Keep silent! / Be quiet!

SIN

Le vi sin chaqueta.
I saw him with his jacket off.

Me he quedado sin dinero.
I'm right out of money.

Se hizo de noche sin darnos cuenta.
It got dark without us realizing.

Andaba sin calcetines.
He was walking with no socks on.

Había una caja sin tapa.
There was a box with no lid.

Estoy sin aliento.
I'm out of breath.

Costará 2.000 libras sin contar las
   canciones.
*It will cost £2,000 not counting the
   songs.*

Se quedó sin cenar.
He went without dinner.

Me marché sin mirarla.
I left without looking at her.

Se fue sin que nadie la viera.
She left without anybody seeing her.

SINO

No hacía sino bostezar.
She did nothing except yawn.

SITIO

Vete a otro sitio.
Go somewhere else.

No tengo sitio para sentarme.
There is nowhere for me to sit.

Hazme sitio.
Make room for me.

Debe de estar en algún sitio.
He must be about somewhere.

¿Has visto mi monedero en algún
   sitio?
Have you seen my purse anywhere?

SOBAR

Se arrugará de tanto sobarlo.
It will crease with so much handling.

SOBRAR

Sobra un pupitre.
There is an extra desk.

Con lo que sobra puedes pagar los
   zapatos.
*With what is left you can pay for the
   shoes.*

Pagué la cuenta y me sobran cuatro
   libras.
*I paid the bill and have four pounds
   over.*

¿Sobra algo de pastel?
Is there any cake left?

SOBRE

Hay un puente sobre el río.
There is a bridge over the river.

Este es un libro sobre historia.
This is a book about history.

Hay una colcha sobre la cama.
There is a cover over the bed.

La casa está sobre una colina.
The house is on a hill.

SOBRESALTADO

Se despertó sobresaltado.
He awoke in fright.

SOBREVIVIR

Sobrevivieron a una serie de
desastres.
They survived a series of disasters.

SOL

Están tumbados al sol.
They are lying in the sun.

Hace mucho sol.
There is plenty of sunshine.

SOLA

Me gusta la leche sola.
I like milk by itself.

SOLO

Vivo completamente solo.
I live all alone.

No puedo hacerlo solo.
I can't do it alone.

El estaba solo.
*He was all alone. / He was by
himself.*

El está nadando solo.
He is swimming by himself.

SOLOS

Solos tú y yo.
Just you and me.

SOLTAR

Suéltalo.
Let it loose. / Let it go.

Suelta al perro.
Let go of the dog.

Suelta al perro de la correa.
Let the dog off the lead.

Tommy soltó el globo.
Tommy let the balloon go.

Ella soltó la mano del niño.
She let go the child's hand.

SOLTARSE

El prisionero logró soltarse.
The prisoner managed to get free.

Me solté el pelo.
I let my hair down.

SOLTERA

Se quedó soltera.
She remained single.

Miss Martin es soltera.
Miss Martin is single.

SOLUCION

Es la única solución.
It's the only way out.

SONAR
El teléfono sonó.
The telephone rang.

El timbre de la puerta sonó otra
vez.
The doorbell sounded again.

SONREIR
Paul nos sonrió.
*Paul smiled at us. / Paul gave us a
smile.*

SONROJARSE
Sarah se sonrojó.
Sarah went red.

SOPLAR
El viento sopla del mar.
The wind is blowing in from the sea.

Soplé el polvo con cuidado.
I blew the dust away carefully.

Richard sopló el café para
enfriarlo.
*Richard blew on his coffee to
cool it.*

SOPORTAR
No pude soportarlo más.
I could stand it no longer.

No soporto escucharle.
*I can't bear listening to him. / I can't
bear to listen to him.*

No soporto que nadie me mire.
I can't bear anybody to look at me.

Eso es más de lo que puedo
soportar.
That's more than I can bear.

SORDO
Jack es sordo de nacimiento.
Jack has been deaf from birth.

SORPRENDER
Me sorprende que tenga tanto
dinero.
*I'm surprised that he has so much
money.*

Me sorprende que aprobara el
examen.
*I'm surprised that he passed the
exam.*

Eso me sorprendió mucho.
I was very surprised at that.

Con una familia tan numerosa no es
de sorprender que ande escaso
de dinero.
*With such a large family it's no
wonder he's hard up.*

SORPRENDERSE
Me sorprendí al verle.
I was surprised to see him.

SORPRENDIDO
Se paró sorprendido.
He stopped in surprise.

Estoy bastante sorprendido de su
decisión.
I'm rather surprised at his decision.

SORPRESA
Ante mi sorpresa se fue.
To my surprise he went away.

La miré con sorpresa.
I looked at her in surprise.

Me has cogido por sorpresa.
You've taken me by surprise.

SOSPECHAR

Sospecho de Mr Wilson.
I suspect Mr Wilson.

Sospecho que él me ha robado el bolso.
I suspect he has stolen my bag.

SOSTENER

Sostén esto.
Hold this.

Mr Jones sostuvo a su hijo en alto para que viera los payasos.
Mr Jones held up his son so that he could see the clowns.

SUBASTA

El coche fue vendido en subasta.
The car was sold by auction.

Lo compré en una subasta.
I bought it at an auction.

SUBIDO

Está subido a la escalera.
He's up the ladder.

SUBIR

Subió las escaleras de dos en dos.
He went upstairs two at a time.

Subió las escaleras corriendo.
He ran up the stairs. / He ran up the steps.

Ayuda a tu abuelo a subir las escaleras.
Help your grandfather up the stairs.

Hay que subir este piano por las escaleras.
We must get the piano upstairs.

Subió a un taxi.
He climbed into a taxi.

Hay que subir a pie; el ascensor está estropeado.
We must walk up; the lift is out of order.

Subid al coche.
Get into the car.

Sube esta mesa al dormitorio.
Take this table up to the bedroom.

Súbele algo para desayunar.
Take him up some breakfast.

Subió al autobús.
He got on the bus.

El chico subió por la cuerda.
The boy climbed up the rope.

Ya está aquí el tren; subamos.
Here's the train; let's get in. / Here's the train; let's get on it.

¿Cómo subieron al sexto?
How did they go up to the sixth floor?

Los precios están subiendo considerablemente.
Prices are rising considerably.

Telefoneémos al restaurante para que nos suban la cena.
Let's telephone down to the restaurant and have dinner sent up.

SUBIRSE

Se subió a la moto.
He got on the motorcycle.

El gato se subió a la silla.
The cat jumped on to the chair.

Se subió a la escalera.
He climbed up the ladder.

SUELDO

Nos apañamos con mi sueldo.
We get along on my salary.

SUELO

La pluma se cayó al suelo.
The pen fell to the floor.

Los libros están por el suelo.
The books are all over the floor.

Me eché al suelo boca abajo.
I threw myself flat on the ground.

SUEÑO

Eso me da sueño.
That makes me sleepy. / That sends me to sleep.

Tengo sueño.
I'm sleepy.

Eso no me quita el sueño.
That doesn't stop me from sleeping.

Me desperté de un sueño.
I woke up from a dream.

SUERTE

Fue una suerte que viniera.
It was a good thing that he came.

Tienes suerte de tener un hermano rico.
You are lucky having a rich brother.

Es una suerte que estén aquí hoy.
It's very lucky that they are here today.

Me tocó en suerte quedarme aquí.
It fell to me to stay here.

Prueba suerte.
Try your luck.

Te deseo suerte.
I wish you luck.

Se me acabó la suerte.
My luck ran out.

¡Qué mala suerte!
That's bad luck!

SUERTES

Lo echaremos a suertes, ¿cara o cruz?
I'll toss you; heads or tails?

SUGERIR

Sugiero que vayas a Atenas.
I suggest that you go to Athens.

Yo se lo sugerí.
I suggested that to him.

Sugiero que vayamos al cine.
I suggest that we go to the cinema.

Sugiero ir al cine.
I suggest going to the cinema.

SUJETAR

¡Sujétalo fuerte!
Hold it tight!

SUJETARSE

¡Sujétate fuerte!
Hold tight!

SUMAR

Suma esta factura.
Add up this bill.

Suma estas cantidades.
Add up these figures.

SURTIDO

Esta tienda tiene un gran surtido de guantes.
This shop has a large choice of gloves.

SUSPENDER

Suspendió el examen.
He failed his exam.

Luke ha suspendido matemáticas.
Luke has failed in mathematics.

SUSPIRAR

La chica suspiró.
The girl gave a sigh.

SUSPIRO

Mi hermana Alison dio un suspiro de alivio.
My sister Alison breathed a sigh of relief.

SUSTITUTO

Esto es un sustituto del tabaco.
This is a substitute for tobacco.

SUSTO

Se llevó un susto.
He got a fright.

Casi se muere del susto.
He nearly died of fright.

Me llevé el mayor susto de mi vida.
I got the shock of my life.

¡Qué susto me has dado!
What a fright you gave me!

Me dio un susto.
He gave me a fright.

¡Qué susto!
What a fright!

SUSURRAR

¿Qué le susurraste?
What did you whisper to him?

Me susurró al oído.
He whispered in my ear.

Molly le susurró algo a él.
Molly whispered something to him.

Los dos chicos hablaban susurrando.
The two boys were talking in whispers.

T

TACHAR

Taché estas palabras.
I crossed out these words.

Lo taché.
I crossed it off.

Tacha ese nombre de la lista.
Strike that name off the list.

Cada mañana tacho un día del calendario.
Each morning I cross a day off the calendar.

TACTO

Tiene el tacto de la seda.
It feels like silk.

Esta tela tiene un tacto bueno.
This cloth feels good.

TAL

¿Vive aquí un tal Mr Lee?
Does a Mr Lee live here?

TAMAÑO

¿De qué tamaño es la caja?
What size is the box?

La caja es de este tamaño.
The box is this size.

¿Qué tamaño de regla quieres?
How long a ruler do you want?

TAMBIEN

Vine aquí ayer. –Yo también.
I came here yesterday. –So did I.

El sabe tocar el piano. –Y ella también.
He can play the piano. –So can she.

TAMPOCO

Pam no habla español, ni Nora tampoco.
Pam doesn't speak Spanish, nor does Nora. / Pam doesn't speak Spanish and neither does Nora.

No sé tocar el piano. –Ni yo tampoco.
I can't play the piano. –Neither can I.

TAN

Nunca pensé que él hablaría tan bien.
I never thought he would speak so well.

La casa es tan bonita por dentro como por fuera.
The house is as pretty inside as out.

No parece tan feliz hoy.
He doesn't look so happy today.

Nunca he visto a un hombre tan alto.
I've never seen such a tall man.

TANTO

Tanto tienes, tanto vales.
You are worth what you own.

Estate al tanto de la señal.
Watch out for the signal.

¿Estás al tanto de ese asunto?
Are you in on that affair?

Corrí tanto como pude.
I ran as fast as I could.

Quiero una lima, un tanto así de larga.
I want a file, about so long.

Tendrás que ir tanto si te gusta como si no.
You'll have to go whether you like it or not.

TAPAR

Tapa la botella, por favor.
Cork up the bottle, please.

El está tapando los agujeros y las
   grietas de la pared con cemento.
*He's stopping the holes and cracks
   on the wall with cement.*

TAPON

Primero hay que ajustar el tapón a la
   botella.
*First you must fit the cork into the
   bottle.*

TAQUIGRAFIA

Elizabeth sabe escribir en
   taquigrafía.
Elizabeth can write shorthand.

Lo escribió en taquigrafía.
He wrote it down in shorthand.

TARDAR

Sólo tardo un par de minutos en
   prepararme.
*It only takes me a couple of minutes
   to get ready.*

Has tardado mucho.
You have been a long time.

Se tarda en ir al parque.
It takes time to go to the park.

Tardó mucho en escribir la carta.
*He took a long time to write the
   letter.*

No tardó mucho en escribirla.
He was not long in writing it.

Tardó en prepararse.
She was late in getting ready.

No tardes.
Don't be long.

No tardes más de lo necesario.
Don't be longer than you can help.

No tardaré.
I shan't be long.

No tardaré nada.
I shan't be a minute.

Tardé dos horas en escribirlo.
It look me two hours to write it.

Tardaré sólo unos minutos.
I'll only be a few minutes.

Voy a comprar tabaco. No tardo
   nada.
*I'm going for some tobacco. I shan't
   be a minute.*

Se tardará dos horas en contar todo
   ese dinero.
*It will take two hours to count all that
   money.*

No tardó mucho en empezar a
   hablar.
*It wasn't long before he began to
   speak.*

No tardó mucho en llegar un
   autobús.
It wasn't long before a bus arrived.

Tardó un momento en contestar.
He took a moment to answer.

Se tarda dos horas en el viaje.
The journey takes two hours.

Se tardará dos años en construir el
   puente.
*The bridge will take two years to
   build.*

Siento haber tardado tanto.
Sorry I was so long.

¿Cuánto tardarás?
How long will you be?

¿Cuánto tiempo tardarás en
   hacerlo?
How long will it take you to do it?

¿Por qué tardaste tanto en hacerlo?
Why did you take so long to do it?

¿Por qué has tardado tanto?
*Why have you been such a long
   time?*

¿Cuánto tiempo se tarda en llegar
   allí?
How long does it take to get there?

¿Cuánto tiempo se tarda de Madrid
   a París?
*How long does it take to get from
   Madrid to Paris?*

TARDE

Llegaron tarde a la fábrica.
They were late at the factory.

Se hace tarde.
It's getting late.

Llegarás tarde al trabajo.
You'll be late for work.

Llegas demasiado tarde.
You are too late.

No llegues tarde a cenar.
Don't be late for dinner.

No esperes a que sea demasiado
   tarde.

Don't wait till it's too late.

No vuelvas demasiado tarde.
Don't be too late back.

TARTAMUDO

John es tartamudo.
*John speaks with a stutter. / John
   speaks with a stammer.*

TE

No me gusta el té con azúcar.
I don't like sugar in tea.

TELEFONEAR

¿Le has telefoneado?
Have you telephoned him?

Telefoneó a la policía.
He telephoned the police.

Te telefonearé mañana por la
   mañana.
I'll give you a ring tomorrow morning.

TELEFONO

Está hablando por teléfono.
He's talking on the telephone.

Te llaman por teléfono.
You are wanted on the telephone.

Rose te llama por teléfono.
Rose is calling you on the telephone.

Hablé con ella por teléfono.
I spoke to her on the telephone.

¿Tienes teléfono?
*Are you on the telephone? / Do you
   have a telephone at home?*

Tengo que llamar por teléfono.
I have to do some telephoning.

Albert está al teléfono.
Albert is on the telephone.

No tenemos teléfono.
We don't have a telephone.

Tomé el recado por teléfono.
*I took the message over the
    telephone.*

Te llamaré por teléfono a las tres.
*I'll call you up at three o'clock. / I'll
    ring you up at three o'clock.*

Llamé por teléfono a Madrid.
I rang up Madrid.

Les he llamado por teléfono.
I've called them up on the telephone.

Llamé por teléfono a su casa.
I rang up his house.

Voy a llamar a casa por teléfono.
I'm going to call home.

Traté de hablar contigo por teléfono.
I tried to get you on the telephone.

TELEVISION

Sale a menudo en la televisión.
He often appears on television.

Lo pusieron ayer en la televisión.
It was shown on television yesterday.

TEMA

Deberías ceñirte al tema.
You should keep to the point.

No toques ese tema.
Keep off that subject.

TEMER

Temo decírselo.
I dread telling him.

No temas.
Never fear. / Have no fear.

TEMOR

No nos atrevemos a ir allí por temor
    a que ella nos vea.
*We dare not go there for fear of her
    seeing us. / We dare not go there
    for fear that she will see us.*

TEMPRANO

Siempre llega temprano al trabajo.
He's always early for work.

TENDER

Amy tendió la ropa.
Amy hung out her washing.

Tendieron la cuerda entre estos dos
    postes.
*They stretched the rope between
    these two poles.*

TENER

Tenemos abierto todo el año.
We are open throughout the year.

El escritorio tiene cajones.
There are some drawers in the desk.

El tiene madre.
His mother is living.

Este niño no tiene padre.
This child has no father.

No tenemos bastante dinero.
We haven't got enough money.

Tenga usted (al dar algo).
Here you are.

Hay que tener mucho valor para
  hacer una cosa así.
*It takes a lot of courage to do a thing
  like that.*

TEÑIR

Voy a teñir este abrigo rojo en azul.
I'm going to dye this red coat blue.

TERCERA

A la tercera va la vencida.
Third time lucky.

TERMINAR

Terminó cantando la canción.
He finished by singing the song.

No he terminado de escribir la carta.
I haven't finished writing the letter.

Terminará en prisión.
He will end up in prison.

Esta palabra termina por "o".
This word ends in "o".

Debo terminar este trabajo antes del
  lunes.
*I must get this work done before
  Monday.*

¿A qué hora terminó la película?
At what time was the film over?

TIEMPO

¿Cuánto tiempo hace que lo leíste?
How long ago did you read it?

¿Cuánto tiempo hace que le
  conoces?
For how long have you known him?

¿Hace mucho tiempo que esperas?
Have you been waiting long?

¿Cuánto tiempo hace de eso?
How long ago was that?

¿Estarás en Londres mucho tiempo?
Will you be in London for long?

Se acabó el tiempo.
Time is up.

No tengo tiempo de ir allí.
I haven't time to go there.

El tiempo lo dirá.
Only time will tell.

¿Te quedaste allí mucho tiempo?
Did you stay there long?

Sí, me quedé allí mucho tiempo.
Yes, I stayed there a long time.

No me quedé allí mucho tiempo.
I didn't stay there long.

No llevó mucho tiempo.
It didn't take long.

No hay tiempo que perder.
There's no time to be lost.

¡Cómo pasa el tiempo!
How time flies!

Tómese el tiempo necesario.
Take your time over it.

Nos queda muy poco tiempo.
We have very little time left.

No tengo mucho tiempo.
I haven't much time.

Es una pérdida de tiempo.
It's a waste of time.

Hacía mucho tiempo que no había
    llovido.
*There had been no rain for a long
    time.*

TIENDAS
Me voy de tiendas.
I'm going to the shops.

TINTA
Lo sé de buena tinta.
I have it on good authority.

TIPO
Ellen tiene buen tipo.
Ellen has a good figure.

TIRAR
No lo tires.
Don't drop it (no lo dejes caer). /
    Don't throw it away (no te
    deshagas de ello).

No tires las cerillas por el suelo.
*Don't spill out the matches on to the
    floor.*

Tírame la pelota.
*Throw me the ball. / Throw the ball
    to me.*

Tiró una piedra al perro.
He threw a stone at the dog.

Lo tiré a la papelera.
*I threw it into the waste paper
    basket.*

Casi me tiras.
You nearly knocked me over.

Tiró la botella con el codo.
He caught the bottle with his elbow.

Dos caballos tiraban del carro.
Two horses were pulling the cart.

La tiró del pelo.
He pulled her hair.

TIRARSE
Se tiró al agua.
He jumped into the water.

TIRO
Le dieron un tiro en un brazo.
He was shot in the arm.

Le mataron de un tiro.
He was shot dead.

TITULARSE
¿Cómo se titula el libro?
What's the name of the book?

TOCAR
¿A quién le toca?
Whose turn is it?

No debes hablar hasta que te toque.
You mustn't speak out of your turn.

Espera a que te toque.
Wait your turn.

¿A quién le toca pagar hoy la
    comida?
*Whose turn is it to pay for lunch
    today?*

Te toca a ti.
It's your turn.

Me toca a mí pagar esta ronda.
This one is on me.

Me tocó escribir la carta.
It fell to me to write the letter.

Te toca hablar.
It's your turn to speak.

Toca el timbre.
Ring the bell.

¿Ha tocado el timbre?
Has the bell gone?

No lo toques.
Let it alone.

¡No me toques!
Hands off!

Toca el piano para nosotros.
Play the piano for us.

Me dio la enhorabuena por tocarme
la lotería.
*He congratulated me on winning the
lottery.*

TODAVIA

Hay todavía mucho que hacer.
There is still a lot to be done.

¿No ha terminado todavía?
Hasn't he finished yet?

Está trabajando todavía.
He is still working.

TODO

El cisne era todo blanco.
The swan was white all over.

Y eso es todo.
And that's all there is to it.

Eso era todo lo que él sabía de ella.
He knew only that much about her.

Abre la ventana del todo.
Open the window wide.

Haré todo lo que pueda, pero creo
que será difícil.
*I'll do my best, but I think it'll be
difficult.*

Te lo contaré todo.
I'll tell you all about it.

Todo lo que tienes que hacer es
llamar.
All you have to do is call.

TODOS

Todos los coches de este garaje son
grandes.
All the cars in this garage are big.

Me gustan todos.
I like them all. / I like all of them.

Todos los chicos son estudiantes.
*All the boys are students. / All of the
boys are students. / The boys are
all students.*

¿Trabajan todos en tu familia?
Does everyone in your family work?

TOMAR

¡Toma! (al dar algo).
Here you are!

¡Toma! (al pegar).
Take that!

¿Me tomas por tonto?
Do you take me for a fool?

Lo tomas o lo dejas.
You can take it or leave it.

Le tomé por un inglés.
I took him for an Englishman.

El médico me tomó el pulso.
The doctor felt my pulse.

¿Te gustaría quedarte a tomar el té?
Would you like to stay for tea?

Puedes venir a tomar el té mañana,
    ¿verdad?
*You can come to tea tomorrow, can't
    you?*

Tomemos el primer autobús que
    venga.
Let's get on the first bus that comes.

No es para tomarlo a broma.
It isn't a thing to laugh about.

Tomé un autobús.
I caught a bus.

La secretaria tomó la carta en
    taquigrafía.
*The secretary took down the letter in
    shorthand.*

TONTERIA
Eso es una tontería.
*That's very silly. / That's perfect
    nonsense.*

TONTERIAS
No digas tonterías.
Don't talk nonsense.

Deja de hacer tonterías.
Stop being silly.

TORCER
La carretera tuerce a la derecha.
The road turns to the right.

TORCERSE
Me he torcido un tobillo.
I've sprained my ankle.

TORCIDO
Este cuadro está torcido.
*This picture is not straight. / This
    picture is hanging crooked.*

TOS
Tiene tos.
He has a cough.

TOSTADA
Dame una tostada.
Give me a round of toast.

Tomé una tostada con mantequilla.
I had some buttered toast.

TRABAJAR
Ponte a trabajar.
Get to work. / Set to work.

Trabaja de camarero.
He works as a waiter.

Trabajaba en esa película.
He appeared in that film.

¿En qué trabajas?
What's your job?

¿A qué hora empiezas a trabajar?
What time do you begin work?

¿A qué hora vuelves de trabajar?
*What time do you get home from
    work?*

TRABAJO
Acabo de encontrar trabajo. Empiezo
el lunes.
*I've just found a job. ! begin on
Monday.*

Alfred no tiene trabajo.
Alfred hasn't got a job.

Es un trabajo duro.
It's hard work.

No encuentro trabajo.
I can't find work.

Puso trabajo para hacer en casa.
*He set some work to be done at
home.*

¿Cómo te va en el trabajo?
How are you getting on at work?

Tengo mucho trabajo.
I've got a lot of work to do.

Hace meses que está sin trabajo.
He has been out of work for months.

TRADUCIR
El intérprete lo tradujo al español.
*The interpreter translated it into
Spanish.*

No se debe traducir palabra por
palabra.
You musn't translate word for word.

TRAER
Traigo esta maleta desde Madrid.
*I've been carrying this case all the
way from Madrid.*

El viento traía olor a hierba cortada.
The wind blew the smell of cut grass.

Tráeme un bolígrafo.
*Bring me a ballpoint pen. / Get me a
ballpoint pen. / Fetch me a
ballpoint pen.*

TRAERSE
Tráete el diccionario.
Bring your dictionary along with you.

TRAFICO
En España el tráfico va por la
derecha.
In Spain traffic drives on the right.

Hay mucho tráfico hoy.
*The traffic is very heavy today. /
There is plenty of traffic today.*

TRAGO
Dame un trago de agua.
Give me a drink of water.

TRANSCURRIR
Había transcurrido media mañana.
It was midway through the morning.

TRAS
Cerró la puerta tras de sí.
He closed the door behind him.

Corrí tras el autobús.
I ran for the bus.

TRATAR
¿De qué trata la obra?
What is the play about?

Trata de no pensar más en ello.
Try never to think of it again.

¿Qué es lo que tratas de decirme?
What is it you're trying to tell me?

TRATO
Trato hecho.
It's a deal.

TRAZAR
Traza una línea de una parte a otra del papel.
Draw a line across the paper.

TRECHO
El avión voló un corto trecho.
The plane flew a short distance.

TREN
El tren está en el andén.
The train is at the platform.

Quiero tomar el tren para Londres.
I want to take the train to London.

Se va en el tren de las dos.
He is going on the two o'clock train. / He is going by the two o'clock train.

El tren tiene diez vagones.
There are ten carriages on the train.

Tomé el tren en Brighton.
I caught the train at Brighton.

¿Viniste en tren?
Did you come by train?

TREPAR
Trepa a ese árbol.
Climb up that tree.

TROPEZAR
Tropecé en ese escalón.
I slipped on that step.

Tropecé y me caí.
I stumbled and fell.

TROZOS
Corté la patata en trozos pequeños.
I chopped up the potato into small pieces.

TRUCO
Eso tiene truco.
There is a catch in it.

TRUENOS
Oímos truenos dos veces durante la noche.
We heard thunder twice during the night.

TUERTO
El hombre era tuerto.
The man was blind in one eye.

TUTEAR
Tutéame; me llamo Tim.
Call me by my first name. It's Tim.

U

ULTIMA
Hablé con ellos la última vez que vinieron.
I spoke to them the last time they came.

ULTIMAMENTE
¿Le has visto últimamente?
Have you seen him lately?

ULTIMO
Este es el último vagón de este tren.
This is the last coach on this train.

El último día hablamos de gramática inglesa.
Last time we talked about English grammar.

Hoy es el último domingo del año.
Today is the last Sunday of the year.

UNA

¡A la una, a las dos, a las tres! (en una salida).
Ready, steady, go!

UNIVERSIDAD

Debería haber ido a la universidad.
He ought to have gone to university.

Ella quiere estudiar medicina en la universidad.
She wants to study medicine at university.

URGENCIA

Necesita un traje con urgencia.
He badly needs a suit.

URGENCIAS

Tuvieron que llevarla a urgencias.
She had to be rushed to casualty.

USAR

Agítese bien antes de usarlo.
Shake well before use.

USTED

¿Es usted, Mr Thompson?
—Sí, soy yo.
Is that you, Mr Thompson?
—Yes, it's me.

UTILIZAR

La escuela se utilizó como hospital.
The school was used as a hospital.

V

VACACIONES

Está de vacaciones.
He is on holiday.

Fui a Londres de vacaciones.
I went to London for a holiday. /
I went to London for my holiday.

¿Cuándo te vas de vacaciones?
When are you going away on holiday?

No tiene vacaciones en Pascua.
He doesn't have a holiday at Easter.

Tomaré las vacaciones en julio.
I'll take my holidays in July.

¿Dónde fuiste de vacaciones?
Where did you go in the holidays?

Acabamos de llegar de vacaciones.
We've just arrived from our holiday.

Vamos a Italia de vacaciones.
We're going to Italy for our holidays.

Tengo dos semanas de vacaciones.
I have two weeks for my holidays.

Pasaré las vacaciones en París.
I'll spend my holidays in Paris.

Pasaré una semana de vacaciones en París.
I'll spend a week on holiday in Paris.

Mañana por la tarde empezarán sus
vacaciones de dos semanas.
*Tomorrow evening they will start
their two weeks' holiday.*

Decidí tomarme unas vacaciones.
I decided to take a holiday.

¿Cuándo empiezan tus vacaciones
de verano?
*When do your summer holidays
begin?*

Todo el mundo se va de vacaciones
en agosto.
*Everybody goes on holiday in
August.*

Me gusta pasar las vacaciones cerca
del mar.
I like a holiday by the sea.

¿Has estado de vacaciones?
Have you been on holiday?

¿Cuándo volviste de vacaciones?
*When did you return from your
holiday?*

¿Cuándo empiezas las vacaciones
de Navidad?
*When do you break up for
Christmas?*

Las vacaciones se han acabado ya.
The holidays are now over.

VACIAR

Estoy vaciando el cajón.
I'm emptying the drawer.

VACILAR

No vaciló en hacerlo.
He had no hesitation in doing it.

VALER

¿Cuánto vale?
How much is it worth?

Esta sortija vale 100 libras.
This ring is worth 100 pounds.

No vale mucho.
It is not worth much.

Tíralo; no vale para nada.
Throw it away; it isn't any good.

¿Vale así?
Will that do?

Vale así.
That'll do.

Cualquier vaso valdrá.
Any glass will do.

¿Valía mucho?
Was it valuable?

Este diccionario no vale para nada.
This dictionary is good for nothing.

¿Para qué vale esto? –Vale para
pintar.
*What is this used for? –It's used for
painting.*

Más vale tarde que nunca.
Better late than never.

¿Vale la pena molestarse en verlo?
Is it worth the bother of seeing it?

Vale más hacerlo ahora.
It's best to do it now.

Eso no vale la pena.
That isn't worth it.

No vale de nada discutirlo.
It's no use discussing it.

¿Vale de algo llamar por teléfono?
Is it any use ringing up?

No vale la pena ir al cine.
*It isn't worth going to the cinema. /
It isn't worth while going to the
cinema.*

Vale la pena leer este libro.
This book is worth reading.

VARIAR
¿Por qué no me ayudas para variar?
*Why don't you help me for a
change?*

VECES
Esto es 40 veces menos dañino que
el tabaco.
*This is 40 times less harmful than
tobacco.*

Mi casa es tres veces más grande
que la tuya.
*My house is three times as large as
yours.*

Doy en el blanco ocho veces de
cada diez.
I hit the target eight times out of ten.

Se va diez veces más rápido en
metro.
*You can go ten times quicker by
underground.*

Hice las veces de gerente mientras
él estuvo fuera.
*I acted as manager while he was
away.*

VENCER
No se le vence tan fácilmente.
*He's very tough to beat. / He's not so
easily beaten.*

Le vencí fácilmente.
I beat him easily.

VENDAR
Se vendó el dedo que se había
cortado.
She bandaged her cut finger.

VENDER
Le vendí el coche.
*I sold him my car. / I sold my car to
him.*

Puedo vendérselo a Tony por 100
libras.
I can sell it to Tony for 100 pounds.

Vendemos mercancías al por menor.
We sell goods retail.

Lo vendimos por muy poco.
We sold it at a very low price.

VENDERSE
Estos libros se venden bien.
These books are selling well.

VENIR
Viene en el periódico.
It's in the newspaper.

Vienen diez en cada caja.
They come ten to a box.

Venga con nosotros.
*Come with us. / Come along
with us.*

¿Ha venido el cartero?
Has the postman been?

Venga ahora.
Come round now.

¿A qué viene esto?
What's the idea?

Este azúcar vendrá bien para hacer
mermelada.
*This sugar will come in handy for
making jam.*

He venido para verte.
I have come to see you.

Esta habitación nos vendrá muy
bien.
This room will suit us very well.

Viene a verme todos los días.
He comes and sees me every day.

Ven a vernos uno de estos días.
*Come along and see us one of these
days.*

Vengo a reparar la televisión.
I've come to repair the television set.

VENTA
Esta bicicleta está en venta.
This bicycle is for sale.

VENTAJA
Te llevo dos puntos de ventaja.
I'm two points ahead of you.

VENTANA
El hombre se cayó por la ventana.
The man fell out of the window.

Miraba por la ventana.
He was looking out of the window.

Betty está a la ventana.
Betty is at the window.

VENTILAR
Abriré la ventana para ventilar la
habitación.
I'll open the window to air the room.

VER
¿Qué tiene que ver conmigo?
What's it got to do with me?

No tengo nada que ver con eso.
That has nothing to do with me.

No tiene nada que ver contigo.
It's no affair of yours.

Vea por usted mismo.
See for yourself.

No hay mucho que ver.
There isn't much to see.

Abrelo y lo verás (un regalo).
Open it and see.

No puedo ni verle.
I hate the sight of him.

¿Para qué me quieres ver?
What do you want to see me about?

Una señora está esperando para
verte.
A lady is waiting to see you.

Si no lo veo, no lo creo.
Seeing is believing.

VERANEAR

Veraneamos en Mallorca.
We spend our summer holidays in Majorca.

VERDAD

Siempre se ha de decir la verdad.
One must always tell the truth.

VERGÜENZA

Tiene mucha vergüenza.
He is very shy.

Debería darte vergüenza.
You should be ashamed of yourself.

VERSE

Se te ve la corbata.
Your tie is showing.

Se le ve la corbata por debajo del jersey.
You can see his tie sticking out from under his pullover.

No te preocupes por esta mancha; no se ve.
Don't worry about this stain; it won't show.

VERSO

Los niños han aprendido este verso de memoria.
The children have learnt this piece of poetry by heart.

VERTER

Vertió la tinta.
He knocked the ink over.

VESTIDA

Siempre va vestida de rojo.
She always wears red.

VESTIDO

Tu vestido está en una percha.
Your dress is on a hanger.

Había una chica con un vestido azul.
There was a girl in a blue dress.

El chico se lanzó al agua completamente vestido.
The boy jumped into the water, clothes and all. / The boy jumped into the water fully dressed.

Estaba vestido de bombero.
He was dressed as a fireman.

VESTIR

Ruth vestía de azul.
Ruth was dressed in blue.

Ella nunca viste de verde.
She never wears green.

Sarah siempre viste a la última moda.
Sarah always wears the latest.

Molly viste muy bien.
Molly dresses very well.

VESTIRSE

Paul se vistió y se marchó.
Paul put on his clothes and went away.

Vístete deprisa, que la cena está lista.
Dress yourself quickly, dinner is ready.

Me vestí deprisa.
I got dressed quickly. / I dressed quickly.

Vístete enseguida.
Get dressed at once.

VEZ

Hazlo otra vez.
Do it all over again.

Se hacía cada vez más grande.
It became bigger and bigger.

¿Cuándo le viste por última vez?
When did you last see him?

Vine aquí por primera vez en 1993.
I first came here in 1993.

Mi tio Ben nos visita de vez en
cuando.
*My uncle Ben visits us from time to
time.*

Es la primera vez que juego al
póker.
*It's the first time I've ever played
poker.*

¿Dónde has estado desde que te vi
por última vez?
*Where have you been since I saw
you last?*

¿Has estado alguna vez en
Londres?
Have you ever been to London?

Has escrito "whom" en vez de "who".
You've written "whom" for "who".

No puedo hacer dos cosas a la vez.
*I can't do two things at a time. /
I can't do two things at the same
time. / I can't do two things at
once.*

Vendrá por la tarde en vez de por la
mañana.
*He will come in the afternoon instead
of in the morning.*

Empeoró en vez de mejorar.
He got worse instead of better.

VIAJAR

¿Quiere viajar en primera clase?
Will you travel first class?

VIAJE

Vamos de viaje.
We're going on a trip.

Mr Wilson está de viaje.
Mr Wilson is away on a journey.

VÍCTIMAS

No hubo víctimas.
No one was injured.

VIDA

¿Cómo te ganas la vida?
What do you do for a living?

Me gano la vida enseñando inglés.
I teach English for a living.

Ronald trabaja para ganarse la vida.
Ronald works for his living.

Laura se gana la vida enseñando.
*Laura earns her living by teaching. /
Laura makes a living by teaching.*

Tienen suerte de haber salido con
vida de aquel accidente aéreo.
*They're lucky to be alive after being
in that air crash.*

Es un asunto de vida o muerte.
It's a matter of life and death.

Conozco a Ned de toda la vida.
I have known Ned all my life.

La vida está cara en París.
Living is dear in Paris.

Mientras hay vida, hay esperanza.
While there is life, there is hope.

Aquello por poco nos cuesta la vida.
That nearly cost us our lives.

Podrían haber perdido la vida.
They could have lost their lives.

Tienes la vida por delante.
*You've got your whole life ahead of
you.*

VIENTO

El viento se levantó.
The wind rose.

El viento cesó.
The wind dropped.

Hace viento hoy.
It's a windy day today.

VIGILAR

Vigila a los niños.
Keep an eye on the children.

VIGOR

La nueva ley entrará en vigor el
próximo mes.
*The new law will come into force
next month.*

VISITAR

Vino a visitarme a la oficina.
He came to call on me at the office.

Esta tarde vamos a visitar a nuestros
amigos.
*We are going to call on our friends
this evening.*

Fui a su casa a visitarles, pero no
estaban.
*I called at their house, but they were
not in.*

VISTA

Las Cataratas del Niágara son una
vista maravillosa.
Niagara Falls are a wonderful sight.

Perdió la vista de un ojo.
He lost the sight of one eye.

Estaba a la vista.
It was in sight.

No estaba a la vista.
It was out of sight.

Trata de verlo desde nuestro punto
de vista.
Try to see it our way.

Ese es mi punto de vista.
That's my view on that.

La habitación tiene una vista muy
bonita al parque.
*The room has a nice view of the
park.*

VISTO

Por lo visto estás equivocado.
You seem to be wrong.

VIVIR

No pueden vivir el uno sin el otro.
They can't live without each other.

Vivió hasta los noventa.
He lived to ninety years of age.

Vivo en Sun Street número 93.
I live at 93 Sun Street.

Vivo en el número 93.
I live at number 93.

Vivo con 1.000 libras al mes.
I live on 1,000 pounds a month.

Vivo a más de 3 millas de la oficina.
I live more than 3 miles from my office.

Ella vive de lo que le dan sus padres.
She lives on what her parents give her.

Viven de la agricultura.
They make their living from agriculture.

VOLAR

El avión vuela sobre el mar.
The plane is flying over the sea.

El pájaro salió volando.
The bird flew into the air.

VOLCAR

El chico volcó el vaso.
The boy knocked over the glass.

El coche volcó.
The car overturned.

Una ola muy grande volcó el bote.
A very big wave turned the boat over.

VOLUNTAD

Me obligaba a hacer cosas contra mi voluntad.
He made me do things against my will.

VOLVER

Vuelve a casa en el primer tren.
Catch the next train back home.

Tuve bastante tiempo para ir y volver.
I had enough time to get there and back.

¿Cuándo volverás a estar en Roma?
When will you next be in Rome?

Me desmayé, pero volví en sí en poco tiempo.
I fainted, but came round after a short while.

Ya vuelven Dick y Philip de la piscina.
Here come Dick and Philip back from the swimming-pool.

Volveré pronto.
I'll be back soon. / I'll be right back.

No vuelvas demasiado tarde.
Don't be too late back.

¡Qué estupendo volver a verte!
How nice to see you again!

VOLVERSE

Se volvió para mirarme.
He turned to look at me.

Joe se volvió loco de alegría.
Joe went mad with joy.

Las páginas se volvieron amarillas.
The pages turned yellow.

Intenté estar despierto pero pronto
    me volví a dormir.
*I tried to stay awake but soon fell
    back to sleep.*

VOSOTROS

Dividiré el pastel entre vosotros
    cinco.
*I'll divide the cake among the five of
    you.*

Os está mirando a vosotros cuatro.
He is looking at you four people.

VOTAR

Votaron alzando la mano.
They voted by a show of hands.

Votemos.
Let's take a vote on it.

VOZ

Penny bajó la voz aún más.
Penny dropped her voice still lower.

Léelo en voz alta.
Read it aloud.

Habló en voz baja.
He spoke in a low voice.

Habló en voz alta.
He spoke aloud. / He spoke out loud.

Baja la voz.
Lower your voice.

Siempre habla a voz en grito.
*She always talks at the top of her
    voice.*

VUELTA

Dale la vuelta.
*Turn it the other way round. / Turn it
    over.*

Date la vuelta.
Turn around.

¿A qué hora estarás de vuelta?
What time will you be back?

Estaré de vuelta dentro de una hora.
I'll be back in an hour.

Vamos a dar una vuelta por la
    granja.
Let's go for a walk around the farm.

Este dinero es para pagar tu viaje de
    vuelta.
*This money is to pay for your return
    journey.*

¿Crees que podrás encontrar el
    camino de vuelta al hotel?
*Do you think you will be able to find
    the way back to your hotel?*

Y

Y

¿Y si tomáramos algo?
What about a drink?

¿Y si lo hiciéramos ahora?
How about doing it now?

¿Y qué?
What about it?

YA

¿Ha empezado ya la película?
Has the film started yet?

Espero que ya estés mejor de tu
    resfriado.
I hope your cold is better by now.

¿Has desayunado ya?
Have you had breakfast yet?

El coche ya no está aquí.
The car isn't here any more.

Ya lo he hecho.
I have already done it.

Ya no trabaja aquí.
*He no longer works here. / He does
    not work here any longer. / He
    does not work here any more.*

YO

¿Qué harías si fueras yo?
What would you do if you were me?

¿Eres tú, Jack? – Sí, soy yo.
Is that you, Jack? –Yes, it's me.

¿Quién es? –Soy yo.
Who is it? –It's me.

Ese soy yo (en una foto).
That's me.

Fui yo quien lo vio.
It was I who saw it.

¿Cómo supiste que era yo?
How did you know it was me?

Z

ZAMBULLIRSE
Se zambulló en la piscina.
He dived into the swimming-pool.

ZANCADILLA
Me puso la zancadilla y me caí.
He tripped me and I fell down.

ZAPATERO
Debes llevar tus zapatos al zapatero.
*You must take your shoes to a shoe-
    repairer.*

ZAPATOS
Necesito unos zapatos.
I need some shoes.

Lleva zapatos negros.
She has black shoes on.

Llevas los zapatos desatados.
Your shoes are undone.

Atate los zapatos.
Do up your shoes.

¿Qué número de zapatos gastas?
What size shoes do you take?

¿Puedes quitarle los zapatos a Tim?
*Can you take Tim's shoes off for
    him?*